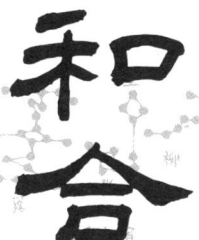

和合

The Principles
of
Being Harmonious

之道

徐佰义　编著

山东文艺出版社

图书在版编目（CIP）数据

和合之道 / 徐佰义编著. -- 济南 ：山东文艺出版社, 2025. 5. --（中华传统美德格言集萃丛书）.
ISBN 978-7-5329-7325-5

Ⅰ. D648-49

中国国家版本馆 CIP 数据核字第 2025ZP6267 号

和合之道

HEHE ZHIDAO

徐佰义　编著

主管单位　山东出版传媒股份有限公司
出版发行　山东文艺出版社
社　　址　山东省济南市英雄山路 189 号
邮　　编　250002
网　　址　www.sdwypress.com

读者服务　0531-82098776（总编室）
　　　　　　0531-82098775（市场营销部）
电子邮箱　sdwy@sdpress.com.cn

印　　刷　山东新华印务有限公司
开　　本　880 毫米 × 1230 毫米　1 / 32
印　　张　6.5
字　　数　110 千
版　　次　2025 年 5 月第 1 版
印　　次　2025 年 5 月第 1 次印刷
书　　号　ISBN 978-7-5329-7325-5
定　　价　47.00 元

前言

中华文明源远流长、博大精深，孕育了中华民族宝贵的精神品格，培育了中国人民崇高的价值追求。中华传统美德是中华文化的精髓所在，积淀着中华民族最深层的精神追求，蕴含着中华民族最根本的文化基因，是中华民族生生不息、绵延不绝的道德支撑，也是担负新时代的文化使命、推进文化强国建设的动力之源。

党的十八大以来，习近平总书记高度重视中华传统美德的传承与弘扬，深刻指出中华传统美德是中华文化精髓，蕴含着丰富的思想道德资源，强调要实施公民道德建设工程，弘扬中华传统美德，引导人们向往和追求讲道德、尊道德、守道德的生活。特别是 2013 年 11 月，习近平总书记在曲阜考察时强调，要加强对中华优秀传统文化的挖掘和阐发，努力实现中华传统美德的创造性转化、创新性发展。习近平总书记一系列重要论述和指示批示要求，为新时代新征程赓续中华文脉、传承弘扬中华传统美德指明了前进方向，提供了重要遵循。

山东是中华文明的重要发祥地和儒家思想的发源地，有着丰厚的历史底蕴和宝贵的文化资源，"孟母三迁""孔融让梨"等许多耳熟能详的美德故事都发生在这里。近年来，山东人民牢记习近平总书记嘱托，充分发挥"人文沃土可以深度耕作"的比较优势，把中华传统美德作为涵育社会主义核心价值观的重要源泉，在传承中创新，在创新中发展，推动全省公民道德素质和社会文明程度达到了一个新高度。

为深入学习贯彻习近平文化思想，贯彻落实习近平总书记对山东工作的重要指示要求，大力弘扬中华传统美德，更好发挥中华传统美德在培养时代新人、涵育时代新风中的重要作用，在山东省委宣传部的指导下，曲阜师范大学组织编撰了"中华传统美德格言集萃丛书"，共分《崇德之道》《做人之道》《做事之道》《待人之道》《持家之道》《爱国之道》《和合之道》七册。格言短小精悍、言简意赅、便于传诵，是讲述、传承、弘扬中华传统美德最通俗、最有效的方式。"天下兴亡，匹夫有责"的爱国之情、"民惟邦本，本固邦宁"的民本精神、"弟子入则孝，出则悌"的孝悌伦理、"言必信，行必果"的诚信之道等思想观念都凝练在中华传统美德格言之中。《中华传统美德格言集萃丛书》萃取朗朗上口、耳熟能详、简练而又寓意深刻的格言编纂而成，在辑选原则上，以"崇德"为统领，将中华传统美德分为"做人、做事、待人、持家、爱国、和合"六个递进主题，每个主题下细分三至五个子目。

为便于读者阅读和理解，本书以《中华经典名著全本全注全译丛书》（中华书局 2011—2023 年版）、《十三经注疏》（中华书局 1980 年版）、《二十四史全译》（汉语大词典出版社 2004 年版）等广受认可的经典名著为依据，对格言中艰涩难懂的字词加以注释，结合典故和案例对全句进行生动解读并引入拓展阅读，既提高了书籍的可读性，又有助于读者更深入地理解格言的内涵和精神、更好地培养良好的道德品质和行为习惯。

千帆一道带风轻，奋楫逐浪天地宽。编写这套普及读物，只是传承弘扬中华优秀传统文化的一种努力。新时代新征程，我们将始终保持礼敬传统、赓续文脉的炽热情怀，踔厉奋发，笃行不怠，努力为文化传承发展事业做出新的更大贡献！

编　者

2025 年 3 月

二　尊重自然

三 和而不同

四 追求大同

一　尊重历史

克①明俊德，以亲九族。
九族既睦，平②章百姓。
百姓昭明，协和万邦。

出处

《尚书·尧典》

注释

① 克：能够。
② 平：分辨。

译文

如果人能发扬才智美德，可使家族亲密和睦。家族和睦，可使百姓辨明善恶。百姓能够辨明善恶，可使各诸侯国关系协调和睦。

◇ 解读 ◇　　这几句话是对上古时期部落联盟首领尧的赞美与描述，体现了中华文明的核心价值观念和处世之道。

第一，在"克明俊德，以亲九族"的理解上，"克明俊德"是指尧能够弘扬并彰显高尚的品德。"克"是能够的意思，"明"即弘扬，"俊德"指的是卓越的德行。尧作为部落联盟的首领，以身作则，通过自身的行为来示范和引领，使高尚的品德得到彰显和传承。"以亲九族"则是指尧通过自身的品德修养和领导能力，使家族内部成员之间关系融洽，实现了家族的和谐与团结。"九族"在古代指的是一个广泛的家族血缘关系网络，包括父族、母族、妻族等多个方面的亲属。尧通过自身的努力，使得九族之间的关系得以理顺，形成了和睦相处的局面。

第二，在"九族既睦，平章百姓"的理解上，"九族既睦"进一步强调了尧在家族治理方面的成就，即实现了家族内部的和谐与稳定。这种和谐不仅体现在家族成员之间的和睦相处上，还体现在家族对外的良好形象和影响力上。"平章百姓"则是指尧在家族治理的基础上，进一步扩展到了对整个社会的治理。在这里，"百姓"并非现代意义上的普通民众，而是指各个氏族或部落的成员。尧通过公正、公平的治理方式，使得各个氏族或部落之间的关系得以协调，社会呈现出一种和谐、稳定的局面。

第三，在"百姓昭明，协和万邦"的理解上，"百姓昭明"是指尧的治理使得百姓能够辨明善恶，可使各诸侯国关系协调和睦。"协和万邦"则是指尧的治理使得各个部落之间的关系得以协调，实现了部落之间的和谐相处。这种"协和"不仅体现为政治上的互相尊重和平等相待，还体现在经济、文化等多个方面的交流与合作上。

在当代社会，"协和万邦"的理念被赋予了新的时代内涵。它倡导世界各国之间应该相互尊重、平等相待，通过对话和协商来解决分歧与争端，实现共同发展和繁荣。这种理念与当今世界的"和平与发展"主题相契合，体现了中华文明的传统智慧与时代价值。

拓展阅读

尧，又称唐尧，是中国古代传说中的一位圣王，被尊为"五帝"之一。在中国古代文化和传说中，尧被描绘为一位具有高尚品德和卓越智慧的君主。他治理天下时，社会和谐，人民安居乐业。

尧在中华传统文化中占有重要地位，他不仅是古代圣王的代表，更是道德和智慧的象征。在儒家文化中，尧被视为道德典范，他的治理理念和政治智慧被后世所推崇。尽管尧的事迹和成就多来自传说，但他在中华文化中的地位不可忽视。他代表了古代中国人对理想君主和理想社会的向往，也体现了中华传统文化中对道德和智慧的高度重视。

殷鉴①不远，在夏后之世。

《 出处 》

《诗经·大雅》

《 注释 》

① 鉴：镜子，引申为教训、鉴戒。

《 译文 》

殷商应该借鉴的历史教训并不远，其子孙应该以前朝夏的灭亡为鉴戒。

❀ 解读 ❀　　这句话出自《诗经·大雅》中的《荡》篇。这句话不仅蕴含了深刻的历史教训，也体现了古人对历史演变与兴衰更替的深刻洞察。《荡》是《诗经》中的一首政治讽刺诗，主要表达了周人对殷商末年政治腐败、社会动荡的忧虑与批判，以及借古讽今，对周厉王进行劝谏。诗中假托周文王之口，对殷纣王的暴政及其导致的国家覆灭进行了深刻的揭露与谴责。这一诗篇不仅是对殷商末年社会现实的真实写照，也蕴含了诗人对历史兴衰更替的深刻思考。

　　在这句话中，"殷"指的是殷商王朝，"夏后"则是指夏朝，而"鉴"则是指镜子，引申为教训、警示。这句话实际上是在强调历史经验的重要性，告诫人们要从历史中吸取教训，以免重蹈覆辙。

　　这句话所蕴含的历史教训，不仅仅是对周王朝统治者的警示，更是对后世统治者的告诫。任何一个王朝，任何一个政权，如果忽视人民的利益，滥用权力，腐败无能，都必将面临灭亡的命运。这一历史规律是客观存在的，是不以人的意志为转移的。殷商末年，由于统治者的暴政与腐败，社会动荡不安，人民生活困苦。这一局面最终引发了人民的反抗，殷商走向灭亡。这一历史教训对于后世来说，无疑具有极强的警示意义。它告诉我们，只有关注民生、顺应民意、维护社会稳定，才能确保政权的稳固与国家的长治久安。

这句话不仅具有历史意义，更具有现实意义。在当今社会，虽然我们已经远离了那个动荡不安的年代，但政治腐败、社会不公等问题仍然存在。这些问题如果得不到及时有效的解决，就有可能引发社会动荡和危机。因此，我们应该从这句话中汲取智慧与力量，时刻保持警惕与清醒的头脑。只有这样，我们才能确保国家的稳定与繁荣，实现中华民族的伟大复兴。

拓展阅读

《大雅》是《诗经》中的"二雅"之一，为先秦时代华夏族的诗歌，共三十一篇。《大雅》中的作品主要创作于西周时期，作者大多是西周王室贵族，也有观点认为是德高望重、学识渊博的人所作。他们通过诗歌来歌颂周王室祖先及武王、宣王等人的功绩，同时也反映了厉王、幽王的暴虐昏乱及其统治危机。《大雅》作为《诗经》的重要组成部分，语言优美，意境深远，具有极高的文学价值。《诗经》是中国古典文学现实主义的源头。

以礼乐合❶ 天地之化、
百物之产❷。

《 出处 》

《周礼·大宗伯》

《 注释 》

❶合：吻合，符合。
❷化：变化，化育。

《 译文 》

礼与乐的教化机制是根据天与地的
自然变化及万物的生长而制定的。

解读 　　《周礼·大宗伯》中，"以礼乐合天地之化、百物之产"这一表述，蕴含了深邃的文化内涵和哲学思想。

　　第一，其内涵体现在礼乐制度的背景与意义方面。礼乐制度是西周社会政治、文化生活的核心。"礼"指的是各种行为规范和社会制度，它规定了人们在不同场合中的行为举止和应遵守的礼仪；"乐"则是指音乐、舞蹈等艺术形式，它们通过旋律和节奏来传达情感、调和人际关系。礼乐制度不仅是一套外在的行为规范，更是一种内在的精神追求，旨在通过外在的礼仪和内在的情感共鸣，实现社会的和谐与稳定。

　　第二，这句话具有丰富的哲学内涵，体现了中国古代哲学中的"天人合一"思想。古人认为，天地万物皆由阴阳五行等自然元素构成，它们之间存在着和谐共生的关系。人类作为天地之间的一分子，也应当遵循自然规律，通过礼乐制度来调和人与自然、人与人之间的关系，从而实现社会的和谐与稳定。具体来说，可以从以下几个方面进行理解：其一，礼乐与天地自然相对应。在《周礼》中，礼乐制度与自然界建立了紧密的联系。例如，用玉制作六种玉器来祭祀天地四方，如"以苍璧礼天，以黄琮礼地"等，这些仪式不仅是对天地自然的崇拜和敬畏，更是通过礼乐来调和人与自然的关系，实现人与自然的和谐共生。其二，礼乐可以调和人际关系。礼乐制度在调节人际关系方面也发挥着重要作用。通过制定各种礼仪规范，人们在不同场合中的行为举止都有了明确的标准，这有助于减少冲突和矛盾，促进社会的和谐与稳定。同时，音乐、舞蹈等艺术形式也能够激发人们的情感共鸣，增强彼此之间的理解和信任。其三，礼乐可以提升人的内在修养。礼乐制度不仅是一套外在的行为规范，更是一种内在的精神追求。通过学习和实践礼乐，人们可以提升自己的道德修养和审美能力，培养高尚的情操和品格。这种内在修养的提升，有助于人们更好地理解和遵循自然规律与社会规范，从而实现个人的全面发展和社会的共同进步。

第三，这句话具有一定的实践意义。在古代社会，礼乐制度被广泛应用于政治、文化、教育等各个领域，成为维护社会稳定和促进社会发展的重要力量。在政治领域，礼乐制度被用来规范君臣关系、上下级关系以及国家与国家之间的关系，从而维护社会的政治秩序和稳定。在文化领域，礼乐制度成为传承和弘扬民族文化的重要载体，通过音乐、舞蹈、诗歌等艺术形式，使得民族精神和文化传统代代相传。在教育领域，礼乐制度被用来培养学生的道德品质和审美能力，使他们成为具有高尚情操和良好行为习惯的人。

拓展阅读

　　《周礼》《仪礼》和《礼记》合称"三礼"，是古代华夏礼乐文化的重要典籍，对礼法、礼义作了较为权威的记载和解释，对历代礼制的影响非常深远。《仪礼》中详细记述了周代的冠、婚、丧、祭、射、朝、聘等各种礼仪，以及与此相关的各种典章制度。《礼记》涵盖了先秦时期社会、政治、经济、文化、风俗、礼法诸制，内容极为丰富，堪称中国文化史之宝库。《周礼》是中国古代第一部系统、完整叙述国家机构设置、职能分工的专书，其内容不仅涉及古代官制、军制、田制、礼制等国家重要政治制度，还涉及古代法律、经济、文化、教育、科技等制度。

宽以济❶猛，猛以济宽，政是以和。

《左传·昭公二十年》

注释

❶济：辅助。

译文

用宽大来调和严厉，用严厉来补充宽大，政事因此而调和。

◇ 解读 ◇　　这句话深刻体现了中国古代政治哲学中的平衡与和谐思想，它出自《左传·昭公二十年》，是孔子对子产的评价，旨在阐述治国理政的智慧。

首先，"宽以济猛，猛以济宽"强调在治国过程中，宽与猛两种手段应相辅相成、互为补充。"宽"，即宽容、宽厚，体现为政策上的宽松、对民众的体谅与包容。"猛"，则指严厉、严格，体现为对违法乱纪行为的惩治与约束。这两种看似对立的手段，在这一政治哲学中却找到了完美的结合点。孔子认为，一个国家要想长治久安，就必须在宽与猛之间找到平衡点。过于宽松，可能会导致社会秩序混乱、法律失去威严；而过于严厉，则可能激起民怨，导致社会不稳定。因此，理想的治国之道应是宽猛相济，既要用宽厚的政策来安抚民心，又要用严厉的手段来维护社会秩序。

其次，"政是以和"是这一政治哲学的最终目标。"和"不仅指社会和谐稳定，更指君臣、官民之间的和谐共处，以及国家内外政策的和谐统一。在《左传·昭公二十年》中，孔子对子产的评价，正是基于这一政治理念。

这一思想不仅在中国古代政治中具有重要意义，对现代社会的治理也具有重要的启示作用。在全球化、信息化的今天，国家面临着更加复杂多变的内外环境，如何在宽与猛之间找到平衡点，实现政治和谐、社会稳定，是每一个国家都需要思考的问题。

**拓展
阅读**

《左传·昭公二十年》记载了春秋时期各国间的政治动态和人物故事，其中不乏关于治国理念的探讨。在这一年，宋国发生了"华向之乱"，宋国的右师华亥、左师向宁及宋卿华定因内乱而出奔陈国，反映了宋国政治的动荡不安。而齐国则相对稳定，但齐景公也面临着巩固政权、实现长治久安的挑战。晏子对齐景公的谏言，正是在这样的背景下提出的。

商契❶能和合五教❷，
以保于百姓者也。

《出处》

《国语·郑语》

《注释》

❶契：人名。殷代的祖先，传说
是帝舜的臣子，担任司徒一职，
负责教化百姓。
❷五教：父义、母慈、兄友、弟
恭、子孝。

《译文》

商契能把父义、母慈、兄友、弟
恭、子孝五种伦理道德规范加以
融合，实施于社会，使百姓安定
和谐地相处与生活。

❖ 解读 ❖　　　《国语·郑语》中的"商契能和合五教，以保于百姓者也"，蕴含了深厚的历史文化背景和道德伦理思想。商契在历史上的重要地位，不仅在于他是商人的始祖，更在于他提出的"和合五教"思想，对后世社会和谐与道德建设产生了深远影响。

　　首先，在"五教"的伦理内涵方面，"五教"指的是父义、母慈、兄友、弟恭、子孝五种人伦道德规范。这些道德规范构成了古代中国家庭和社会的基本伦理框架，是维护社会稳定和人际关系和谐的重要基石。其一，父亲在家庭和社会中应秉持正义，以身作则，为子女树立榜样。父亲的公正无私和责任感，是家庭和谐的重要保障。其二，母亲应以慈爱之心对待子女，给予他们关爱和温暖。母亲的慈爱有助于培养子女的善良品质。其三，兄长应关爱弟弟，与其和睦相处，共同承担起家庭责任。兄长的友善和包容，有助于增强家庭内部的凝聚力和向心力。其四，弟弟应尊敬兄长，服从其指导，以谦恭的态度面对家庭和社会。弟弟的恭敬和尊重，有助于维护家庭内部的秩序和稳定。其五，子女应孝顺父母，尊敬长辈，传承家族文化。子女的孝顺和感恩之心，是家庭和谐和社会稳定的基石。

　　其次，"和合五教"具有深刻的现实意义。商契提出的"和合五教"思想，旨在通过整合这五种道德规范，实现家庭和社会的和谐稳定。这一思想强调

了人伦关系的和谐与平衡，认为只有家庭成员之间互相尊重、关爱和支持，才能形成和睦的家庭氛围；而家庭和谐又是社会稳定的基础，有助于推动社会的繁荣和发展。第一，这一思想有利于促进家庭和谐。"和合五教"的实践有助于家庭成员之间建立深厚的情感纽带，增强家庭内部的凝聚力和向心力。家庭和谐不仅有利于子女的健康成长，还能为家庭成员提供情感支持和精神寄托。第二，这一思想有利于维护社会稳定。"和合五教"的实践有助于培养人们的道德观念和法律意识，减少社会矛盾和冲突，推动社会的和谐与进步。第三，这一思想有利于传承优秀文化。"和合五教"作为中华传统文化的重要组成部分，承载了丰富的历史内涵和道德智慧。通过传承和实践"和合五教"，可以弘扬中华优秀传统文化，增强民族凝聚力和自信心。

商契的"和合五教"思想对后世也产生了深远的影响。它不仅成为中国古代家庭伦理和社会道德的重要规范，还对中华传统文化的发展产生了积极的推动作用。在家庭教育方面，这一思想成为家庭教育的重要内容，父母通过言传身教，将道德规范传授给子女，培养他们的道德品质和人格魅力。在社会治理方面，这一思想成为维护社会稳定和促进社会和谐的重要手段。政府通过倡导和实践这一思想，推动社会风气的改善和道德水平的提升。在文化传承方面，这一思想作为中华传统文化的重要组成部分，被历代学者和文人墨客所传承和发扬。他们通过文学创作、学术研究等方式，为后世留下了宝贵的精神财富。

拓展阅读

商契作为商族部落的始祖，对中国历史和文化的发展产生了深远的影响。后世尊称其为"商祖"，并认为他是商朝建立者商汤的先祖。在商朝的历史中，契占据着举足轻重的地位。契发明了以火纪时的历法，这一历法在当时对农业生产和日常生活具有重要意义。契在管火的同时，筑造阏伯台观察星辰，以此为依据测定一年的自然变化和年成的好坏，为中国古老的天文学做出了重要贡献。契在他的居住地担任火正之职，呕心沥血，深受人民的爱戴，故中国民间尊他为"火神"。商契的名字和事迹在后世的文化传承中得到了广泛的体现，如《诗经·商颂》中的相关诗篇就从侧面展现了商契的功绩与地位。

礼之用，和❶为贵。

《出处》

《论语·学而》

《注释》

❶ 和：和谐。

《译文》

礼的施行，以达到和的治理目标
最为重要。以前圣王的治理之道，
最崇尚的就是这一点。

解读　　　这句话出自《论语·学而》，是儒家思想中关于礼与和的经典论述，蕴含了深厚的文化内涵和治国理政的智慧。"礼"在中国古代不仅指具体的礼节、仪式，还泛指奴隶社会的典章制度和道德规范。孔子所说的"礼"，特指"周礼"，是周朝时期形成的一套完整的政治和社会制度，旨在维护社会秩序和人际关系。礼作为行为规范，具有约束人们行为、维护社会稳定的作用。和的治理状态，被视为社会最高治理目标。在孔子看来，礼的运用应以"和为贵"为最高原则。这是因为和谐是社会稳定的基础，是人际关系融洽的体现。通过礼的规范，人们能够明确自己的位置和职责，从而在社会生活中保持和谐的关系。

孔子认为，和谐必须建立在礼的基础上，即必须遵循一定的规范与原则。在《论语》中，"礼"与"和"是两个紧密相关的概念。礼是规范，是和谐的前提和保障；而和则是礼所要达到的目标和结果。只有既遵循礼的规范，又追求和谐的结果，才能实现真正的社会和谐。

这句话不仅适用于古代社会，对现代社会同样具有深远的启示意义。首先，在处理人际关系时，我们应该注重和谐与包容，尊重他人的差异和多样性，以建立和谐的人际关系。这有助于减少社会冲突和矛盾，促进社会的和谐稳定。其次，在企业管理中，可以借鉴儒家思想中的和谐原则，强调团队合作和共赢理念。通过有效的沟通和协作，实现企业的共同目标，从而促进企业的健康发展。最后，在国际关系中，可以倡导和平共处和互利共赢的原则。通过对话和协商来解决国际争端和冲突，维护世界的和平与稳定。

拓展阅读　　在中华传统文化中，"和为贵"是一种重要的价值观，强调和谐是社会稳定和发展的基础，是人与人之间相处的最高境界。这一相关理念在《周易》《尚书》等经典文献中均有所体现。在人际关系中，这一理念得到了充分体现，礼作为人们行为规范的准则，能够调节人际关系中的矛盾与冲突，有助于双方的和谐相处。此外，礼是中华传统文化的核心之一，对我国古代社会的治理起着不可忽视的重要作用。在学理层面，儒家指出，礼是由圣人根据天道规律而制定的。这在《周易》中被称为"神道设教"。这里的"神"指的是大自然的神秘规律。"神道设教"见于《周易·观卦》中的《象传》，是进一步了解礼文化生成的重要文献资料。

天之历数①在尔躬②，允③执其中④。

《 出处 》

《论语·尧曰》

《 注释 》

❶ 天之历数：天命所定的继承帝王的顺序。

❷ 躬：身。

❸ 允：真诚，诚信。

❹ 中：指中正不偏之道。

《 译文 》

天命所定的帝王继承权落到了你（舜）身上，要真诚地持守中正不偏之道。

解读 《论语》作为儒家经典之一，承载了孔子及其弟子的思想精华与道德理念，其中《尧曰》一篇，更是汇聚了古代圣王治国平天下的智慧与教诲，特别是"天之历数在尔躬，允执其中"这一句话，不仅是对古代帝王治国理念的深刻阐述，更是对中庸之道的生动诠释。

《尧曰》开篇即提到尧帝对舜帝的嘱咐："尧曰：'咨！尔舜，天之历数在尔躬，允执其中。四海困穷，天禄永终。'"这段对话发生在尧禅位于舜之时，尧帝以天命的名义，将治理天下的重任托付给舜，并告诫他要坚守中庸之道，否则，将面临天禄的终结。

第一，"天之历数"在古代指的是天命、天道，即宇宙间的自然法则和秩序。在这里，尧将天命与舜紧密相连，意味着舜是上天选定的继承人，肩负着治理天下的神圣使命。这种思想体现了古代帝王对天命的敬畏与服从，同时也强调了统治者应具备的道德品质和治理能力。"在尔躬"则强调了天命和责任的承担者——舜帝。舜帝作为新的统治者，必须承担起治理天下的重任，这是他的职责所在。

第二，"允执其中"是尧帝对舜帝治国理念的具体要求。其中，"允"是真诚、确实的意思，表示舜帝必须真诚、坚定地执行这一治国理念；"执"是把握、坚持的意思，表示舜帝要始终如一地坚守这一原则；"其中"则指的是中庸之道，即不偏不倚、恰到好处、和谐平衡的治国之道。中庸之道是儒家思想的核心之一，它强调在矛盾对立的双方之间寻求平衡与和谐，避免极端和偏激。在治国理念上，中庸之道要求统治者既要尊重民意，又要维护国家的稳定；既要重视经济发展，又要注重社会公平；既要加强中央集权，又要尊重地方自治。这种平衡与和谐的思想，对维护国家的长治久安具有重要意义。

这一思想不仅对古代帝王治国理政具有重要意义，对现代社会的治理也具有重要的参考价值。我们应该从中汲取智慧与力量，为实现国家的长治久安和人民的幸福安康贡献自己的力量。

拓展阅读

《论语·尧曰》中还蕴含了更加丰富的政治思想内涵。例如，它强调了统治者应具备的道德品质，如宽厚、诚信、勤勉、公正等；它提出了治国理政的具体措施，如谨慎地检验并审定度量衡、恢复废弃了的官职等；它还强调了民众在国家治理中的重要地位等。这些都提醒我们，治理国家需要遵从顺应民心、取信于民、勤勉宽和、公正执法等法则，推进维护国家长治久安、实现百姓安居乐业的宏大事业。

无私者可置❶以为政❷。

《出处》

《管子·牧民》

《注释》

❶ 置：放置，安排。

❷ 政：当官，从政。

《译文》

没有私心的人，可以让他担任官职，处理政务。

◆ 解读 ◆　　《管子》是先秦时期的一部重要典籍，记录了春秋时期齐国政治家、思想家管仲及其学派的言行事迹和治国理念。在这部典籍中，"无私者可置以为政"这一观点，深刻体现了管仲对官员选拔和国家治理的独到见解。

这句话彰显了无私者的人格特质。"无私者"指的是没有私心杂念，能够以国家和人民的利益为重的人。这样的人，通常具有高尚的道德品质和坚定的信念，能够在处理政务时保持公正和客观。他们不会因为个人情感或利益而偏袒某一方，也不会因为外界的诱惑和压力而改变自己的立场和原则。在《管子·牧民》中，管仲强调了无私者在国家治理中的重要性。他认为，无私者能够坚守道德底线，秉持公正原则，从而做出正确的决策和判断。这样的官员，不仅能够赢得人民的信任和支持，还能够有效维护国家的稳定和繁荣。

"无私者可置以为政"，主要有以下几点原因：其一，无私者可以做到公正无私，维护公平。这样的官员，能够赢得人民的广泛赞誉和支持，从而增强政府的公信力和执行力。同时，他们的公正无私也能够有效遏制腐败和权力滥用现象的发生，为国家的长治久安提供有力保障。其二，无私者以民为本，关注民生。无私者通常以国家和人民的利益为重，能够时刻关注民生问题，积极为民众排忧解难。他们不会因为个人情感或利益而忽视或牺牲人民的利益，而是会尽自己最大的努力为人民谋福利、促发展。这样的官员能够赢得人民的衷心拥护和爱戴，从而为国家的发展提供强大的动力和支持。其三，无私者勇于担当，敢于负责。无私者在面对困难和挑战时，勇于担当责任，敢于面对并寻求解决之道。他们不会因为害怕失败或承担责任而回避问题或推诿责任，而是会积极寻求解决方案并付诸实践。这样的官员，能够带领人民共同应对各种挑战和困难，为国家的繁荣和稳定贡献自己的力量。

这一思想还具有一定的实践意义。在现代社会，随着政治体制的不断完善和民主化进程的加速推进，对干部的选拔和任用也越来越注重其道德品质和领导能力。而无私者恰好具备这些优秀品质。在选拔和任用干部时，应该注重考察其道德品质和能力素质，将无私者置于领导岗位。

拓展
阅读　　管仲是春秋时期著名的政治家、军事家，也是成效卓著的改革家。在管仲的辅佐下，齐国大治，最终成为"五霸之首"。《管子》是我国少有的政治经济学著作，其思想体系对后世产生了深远的影响。它注重民生，提出一整套关于国家基本管理体制和制度的设计方案，这些在当时都是极具前瞻性和创新性的。同时，《管子》也保存了各家学说，诠发甚精，成为战国秦汉学术之宝藏。

故乐 ❶ 在宗庙之中，君臣上下同听之，则莫不和敬。

《出处》

《荀子·乐论》

《注释》

❶ 乐：这里是动词，指奏乐。

《译文》

所以在宗庙里演奏先王之乐，君臣上下一同聆听，没有谁不平和恭敬的。

❖ 解读 ❖　　这是荀子对音乐在社会政治生活中所起的作用的重要论述。这句话论述了音乐的重要内涵。

第一，这句话体现了音乐的社会功能。在荀子看来，音乐不仅仅是一种艺术表达形式，更是社会政治生活的重要组成部分。音乐具有独特的感染力，能够深入人心，对人的情感和行为产生深远的影响。因此，荀子认为，音乐在社会政治生活中扮演着至关重要的角色，能够协调人际关系，促进社会和谐。当君臣上下一同聆听音乐时，音乐所传递出的和谐与恭敬之情让人动容，使人们在情感上产生共鸣，从而在行为上表现出更加和谐与恭敬的态度。这种和谐与恭敬的氛围不仅有助于维护社会的稳定和秩序，还能够促进人与人之间的和谐相处，增强社会的凝聚力和向心力。

第二，这句话体现了音乐在宗庙祭祀活动中的应用。荀子首先指出了音乐在宗庙祭祀场合中的重要作用。在古代社会，宗庙祭祀是极为重要的礼仪活动，它不仅是对祖先的敬仰和缅怀，更是国家政治生活的重要组成部分。在宗庙祭祀中，君臣上下一同聆听音乐，不仅能够增强彼此之间的敬意和团结，还能够营造出庄重肃穆的氛围，使祭祀活动更加庄重和神圣。

第三，这句话体现了音乐与政治的关联性。荀子将音乐与政治紧密联系在一起，认为音乐是治理国家的重要手段之一。他强调，音乐不仅能够影响人的情感和行为，还能够反映出一个国家的政治状况和社会风气。因此，统治者应该高度重视音乐的作用，通过制定和推广符合社会道德和政治要求的音乐，来引导人们的思想和行为，维护社会的稳定和繁荣。

荀子的音乐思想对现代社会具有重要的启示意义。首先，它提醒我们，音乐不仅仅是娱乐和消遣的工具，更是社会政治生活的重要组成部分。因此，我们应该高度重视音乐在社会中的功能和作用，通过音乐来传递正能量和积极向上的价值观。其次，它强调了音乐在促进和谐与恭敬方面的作用。在现代社会中，人际关系复杂多变，矛盾和冲突时有发生。因此，我们应该借鉴荀子的思想，通过音乐来营造和谐的人际关系和社会氛围，促进人与人之间的和谐相处和相互尊重。

**拓展
阅读**

《荀子·乐论》是中国古代音乐美学的重要著作之一，对中华传统文化和美学思想产生了深远的影响。它强调了音乐在社会教化、道德建设和教育中的重要作用，为后世儒家音乐美学思想的发展奠定了坚实的基础。荀子高度重视音乐的社会作用，主张用音乐来教化民众，使社会达到和谐有序的状态。在荀子看来，音乐不仅能体现王道，而且是时代的体温计，能够反映社会的风貌和民众的情感。

帝喾 ❶ 溉执中而遍天下，日月所照，风雨所至，莫不从服。

◈ 出处 ◈

西汉·司马迁《史记·五帝本纪》

◈ 注释 ◈

❶帝喾（kù），古代部落首领，相传是黄帝的曾孙、尧的父亲。居亳（今河南偃师县），号高辛氏。

◈ 译文 ◈

帝喾采用中和之道治理天下，日月所能照射到的地方，风雨所能到达的地方，没有不来归附他的。

◈ 解读 ◈　　　在这句话中，"溉执中而遍天下"是对帝喾治理理念的生动描述。帝喾在治理部落时，采用中和之道，不偏不倚。中和之道不仅体现在政治决策上，更深入社会生活的各个层面。

在政治上，帝喾注重德治，倡导道德、仁爱、和谐等价值观。他深知，一个稳定的部落需要强大的道德基础来支撑。因此，他身体力行，以身作则，用自己的言行来影响和引导民众。在他的治理下，社会秩序井然，人民安居乐业，部落呈现出一片繁荣景象。

在经济上，帝喾重视农业发展，推广先进的种植技术，提高农业生产水平。他采取一系列措施支持农业发展，如减免赋税等，使得农业生产水平得到了极大的提升。

在文化上，帝喾注重教育，推广知识，提高人们的知识水平。他深知教育是培养人才、推动社会进步的重要途径。因此，他大力推动启蒙教育，重视教化民众，使得文化知识得到了广泛的传播。

帝喾的治理理念和政策不仅在内部得到了广泛的认同和支持，还影响到了周边地区。在他的领导下，部落联盟的影响力不断扩大，周边地区纷纷前来学习。帝喾以开放包容的姿态接纳了这些来访者，并与他们进行了友好交流，促进了文化的传播和融合。

他的治理成就和影响力如日月般照耀四方，如风

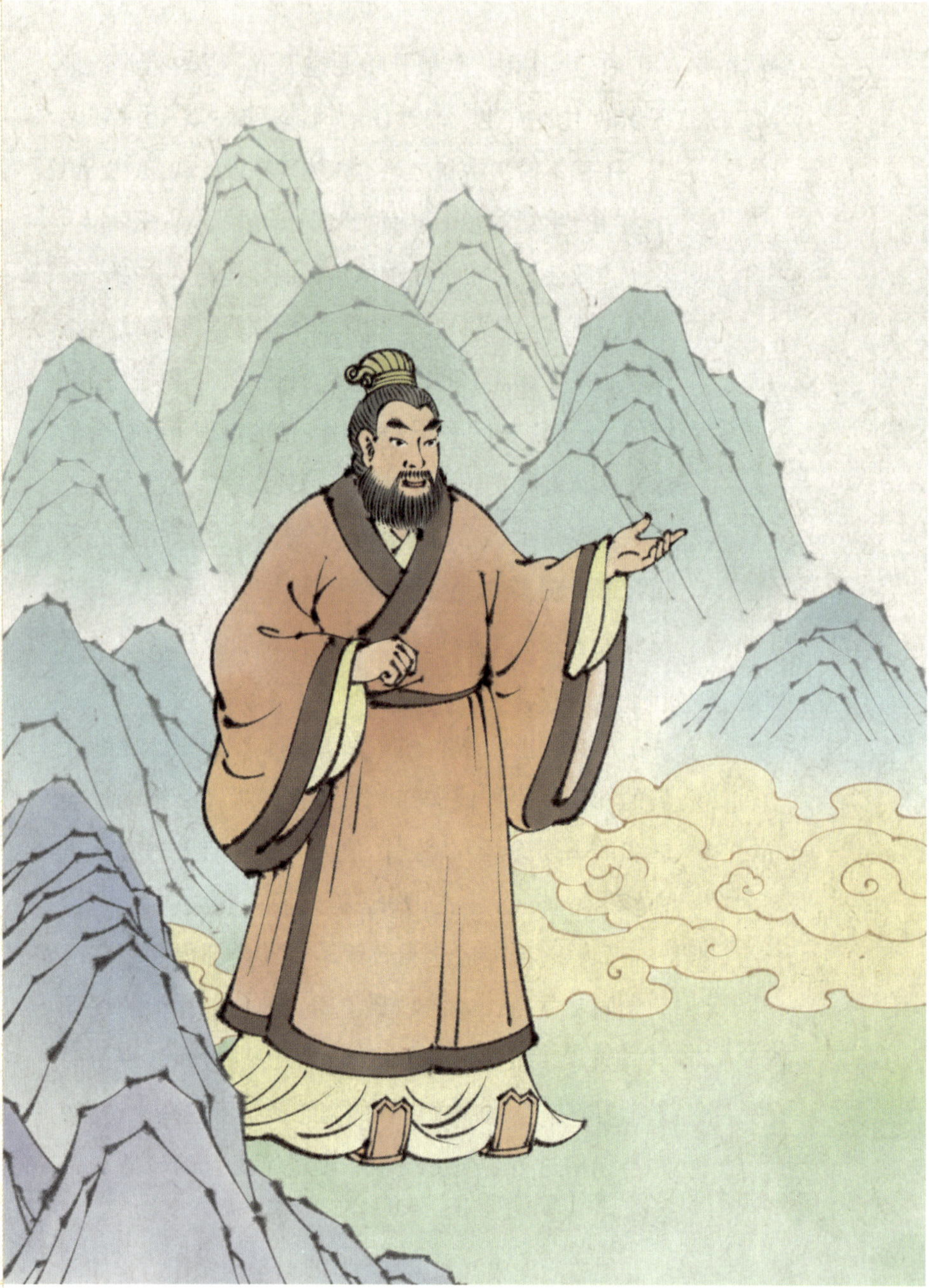

雨般滋润万物。在他的领导下，华夏大地呈现出一片欣欣向荣的景象。他的功绩和贡献被后人铭记于心，成为华夏文明的重要组成部分。

《五帝本纪》是司马迁所著的《史记》中的首篇，以五位远古传说中的帝王——黄帝、颛顼、帝喾、尧、舜——的事迹为主线，详细地记录了他们的生平和活动。在这部作品中，帝喾的形象被生动地描绘了出来，他的治理理念和政策被详细地记录了下来。这部作品不仅包含了大量历史记载，更是一部关于中国古代文化和精神的鸿篇巨著。

拓展阅读

帝喾生于高辛（今河南省商丘市睢阳区高辛镇），所以他也被称为高辛氏。司马迁在《史记》中记载，他是黄帝的曾孙，这一血脉传承赋予了他崇高的地位和深厚的文化底蕴。帝喾自幼时便展现出非凡的才能，五岁时受封为辛侯，十五岁时便辅佐叔父颛顼。在颛顼去世后，时年三十岁的帝喾继承了帝位，并以亳为都城，开启了帝喾时代的新篇章。

以史为镜，可以知兴替[1]。

《出处》

后晋·刘昫等《旧唐书·魏徵传》

《注释》

[1]替：衰败，变迁。

《译文》

把历史当作镜子，可以知道国家兴衰更替的缘由。

《解读》 《旧唐书·魏徵传》作为一篇重要的人物传记，不仅详细记载了唐代名臣魏徵的生平事迹和治国理念，还通过其言行展示了深刻的政治智慧和历史洞察力。"以史为镜，可以知兴替"这一观点，更是魏徵政治智慧的集中体现，对后世治国理政具有重要的启示意义。

魏徵作为唐太宗李世民的重要辅臣，以正直无私、敢于直言进谏的性格和卓越的政治才能，赢得了唐太宗的信任和尊重。在魏徵看来，治理国家不仅要有明确的目标和策略，更要有深刻的历史意识和对历史的深刻反思。他深知，历史是一面镜子，能够映照出国家兴衰更替的规律，为后人提供宝贵的经验教训。"以史为镜，可以知兴替"这一观点，正是魏徵对历史的深刻认识和理解。这种对历史的敬畏和尊重，不仅体现了魏徵作为政治家的远见卓识，也展现了他对国家命运的深切关怀。

在《旧唐书·魏徵传》中，魏徵多次引用历史典故和先贤言论，向唐太宗阐述治国之道。他通过讲述历史上国家的兴衰更替，提醒唐太宗要时刻保持警惕，不断反思自己的政策和行为。例如，魏徵曾引用《诗经》中的"靡不有初，鲜克有终"，告诫唐太宗要善始善终，不能因一时的成功而骄傲自满，更不能因一时的挫折而灰心丧气。他还通过讲述春秋战国时期齐桓公、秦穆公等君主的故事，强调君主的仁德和贤能对国家兴衰的重要性。在魏徵看来，一个国家的兴衰不仅取决于君主的个人素质和能力，更取决于整个社会的政治环境、经济状况和文化氛围。因此，他主张通过改革政治体制、发展经济、弘扬文化等，推动国家的繁荣和稳定。

此外，"以史为镜"还具有一定的现实意义。在现代社会，随着全球化的加速和信息技术的快速发展，各国之间的竞争日益激烈。一个国家要想在激烈的国际竞争中立于不败之地，就必须具备深刻的历史意识和历史智慧。通过研读历史，我们可以了解不同国家的发展轨迹和兴衰原因，从中汲取经验教训，避免重蹈覆辙。同时，我们还可以借鉴历史上成功国家的治国理念和政治实践，结合本国的实际情况加以创新和发展。"以史为镜"还有助于培养我们的批判性思维和独立思考的能力。在面对复杂多变的社会现象和问题时，我们能够更加客观、理性地进行分析和判断，避免被表面现象所迷惑或误导。

拓展阅读

魏徵（580—643），字玄成，巨鹿郡下曲阳县（今河北晋州）人，是唐朝初年杰出的政治家、思想家、文学家和史学家。魏徵多次直言进谏，推行王道，辅佐唐太宗开创"贞观之治"。他曾提出"兼听则明，偏听则暗""居安思危，戒奢以俭"等著名政治主张。魏徵曾参与修撰《群书治要》，并为《隋书》

《梁书》《陈书》《北齐书》等作序或总论。他的言论多见于《贞观政要》，后世辑存有《魏郑公集》。魏徵以其卓越的政治才能、深邃的思想和丰富的文学及史学成就，成为后世敬仰的对象。他的直言敢谏、忠君爱国的精神，以及他提出的诸多政治主张，都对后世产生了深远的影响。

人事❶有代谢❷，
往来❸成古今。

❀ 出处 ❀

唐·孟浩然《与诸子登岘山》

❀ 注释 ❀

❶ 人事：人，既指个体，也指群体；
事，指发生在人身上的事情。
❷ 代谢：交替变化。
❸ 往来：时间的流逝与历史的演变。

❀ 译文 ❀

世间的人和事更替变化，暑往寒来，
时间流逝，形成了从古到今的历史。

◈ 解读 ◈　　　这句话表达了诗人对历史变迁、时光流逝的感慨。第一，"人事有代谢"体现了生命的轮回与社会的变迁。从历史的角度看，人类社会的发展是一个不断前进的过程。在这个过程中，每一代人都在自己的舞台上演绎着不同的故事，创造着属于自己的辉煌。然而，随着时间的推移，这些故事和辉煌终将成为过去。这种人事的更迭，不仅符合自然规律，也是社会发展的必然结果。在个体层面，每个人的生命都是有限的。我们在生活中会经历各种各样的挑战和机遇，也会与不同的人相遇和离别。这些经历构成了人生的轨迹，也让我们不断成长和变化。最终，我们会离开这个世界，将我们的故事和记忆留给后人。

第二，"往来成古今"体现了时间的流逝与历史的演变。这句话表现了时间流逝所带来的历史变迁和文化传承。时间的流逝是不可逆转的。它像一把无情的刻刀，在历史的石壁上雕刻出一幅幅生动的画面。这些画面记录了人类社会的兴衰更替、文明的起落沉浮。它们不仅是我们了解过去的宝贵资料，也是我们认识现在、预测未来的重要依据。在历史的演变中，许多事物都经历了从诞生到衰亡的过程。它们或辉煌一时，或默默无闻，但最终都成为历史的一部分。这些历史遗迹和文化遗产，不仅承载着我们的记忆和情感，也塑造了我们的民族精神和文化认同。

第三，这句话蕴含着深刻的哲理，体现了尊重历史的和合思想。这句话所蕴含的深刻哲理，不仅在于揭示了人类社会发展的普遍规律，更在于引导我们思考生命的意义和价值。首先，它提醒我们要珍惜当下。在生命的有限时光里，我们应该积极面对生活中的挑战和机遇，努力追求自己的梦想和目标。同时，我们也要学会感恩和珍惜身边的人和事，因为他们的存在，我们的生命变得更加丰富多彩。其次，它鼓励我们要有历史意识。作为历史长河中的一分子，我们应该了解自己的历史根源和文化传承。因为时间是不可逆的，历史也是不可分割的，古与今共同构成过去的历史与未来的历史。古与今的"和合"在于我们对历史的正确理解。通过学习和了解历史，我们可以更好地理解现在、预测未来。最后，它启示我们要有开放的心态。在人事代谢和历史演变的过程中，我们会遇到各种各样的人和事，这些人和事可能拥有不同的文化背景、价值观念和生活方式。我们应该以开放的心态去接纳和理解，共同推动人类社会的进步和发展。

拓展阅读　孟浩然是唐代山水田园诗派的重要代表，与王维并称为"王孟"。他的诗绝大部分为五言短篇，多写山水田园和隐居的逸兴以及羁旅行役的心情。孟浩然的诗在艺术上有独特的造诣，他善于将山水的形象和自己的情感合二为一，被称为"兴象"创作的先行者。他的诗歌展现了其洒脱自然的状态，具有创造性。孟浩然有《孟浩然集》三卷传世，其中包含许多脍炙人口的经典诗作，如《春晓》《过故人庄》《宿建德江》等。他的诗歌具有独特的艺术魅力和深远的文学影响。其作品不仅展现了个人情怀和追求，也为后世留下了宝贵的文化遗产。

是以善为理者，举❶其纲，疏❷其网。

《出处》

唐·白居易《策林》

《注释》

❶举：提起，抓住。
❷疏：疏导，开通。

《译文》

善于治理国家的人，总能抓住总纲，照顾好全局，抓住问题的关键与要害，让法网保持适当的宽松。

◇**解读**◇　　这句话是白居易在《策林》中提出的。该书内容丰富，涉及社会、政治、经济、军事、文化、风俗等方面，展现出白居易忧国忧民的情怀和客观理性的辩证思维。此句以捕鱼为喻，形象地阐述了治理国家或处理政务时应遵循的重要原则。"纲"本义指渔网上的总绳，引申为内容要点或主要部分；"网"则指具体的细节或分支。这句话的字面意思是，善于治理国家的人，能够抓住问题的主要部分（纲），从而处理好各个细节（网）。他们像有经验的渔民一样，手里提着渔网上的总绳，高举撒开，渔网一下就张开了，覆盖了尽量大的范围。

　　这句话蕴含着深层含义与治国智慧。第一，治理国家要抓住主要矛盾。这体现了唯物辩证法的要求，即抓住主要矛盾和中心任务，以带动全局工作。在治理国家时，需要准确认识和把握社会主要矛盾，确定中心任务，以重点突破带动整体推进。这不仅是治国理政的重要原则，也是任何组织或个人在管理和决策时应遵循的法则。第二，治理国家要统筹全局，注重细节管理。"善为理者"不仅要有全局观念，还要善于处理细节。既能从宏观上把握大局，又能从微观上关注细节，以确保各项政策或措施能够得到有效执行。这种全局与局部的平衡和协调，是实现治理目标的关键。第三，治理国家要灵活应变与科学应对。在不同环境和条件下，矛盾有不同特点和表现形式。

"善为理者"要具体情况具体分析，随时掌握新情况、新特点、新形势，准确识变，科学应对，能够根据时代和实践提出的重大问题，及时调整策略和方法，以更好地抓住机遇，增强自身优势。

这句话还具有一定的实践意义。其一，在企业管理中，"举其纲"意味着制定清晰的企业战略和目标，"疏其网"则要求企业注重细节管理，确保各项措施得到有效执行。同时，企业还需要灵活应对市场变化，不断调整和优化经营策略。其二，在社会治理中，需要抓住主要矛盾，确定中心任务，同时注重细节管理，确保各项政策能够惠及民生、促进社会和谐。其三，在个人发展中，"举其纲"意味着明确自己的目标和方向，"疏其网"则要求注重细节和执行力。同时，个人还需要不断提升自己的能力，以适应不断变化的社会环境。

**拓展
阅读**　　　这句话不仅体现了古人的治国智慧，也为现代社会的治理和发展提供了深刻的启示。它告诉我们，在治理国家或处理事务时，需要抓住主要矛盾、确定中心任务，同时注重细节管理，灵活应变，科学应对。只有这样，我们才能在新时代的征程中取得更加辉煌的成就。

二　尊重自然

与天地合 **①** 其德，
与日月合其明。

《周易·乾卦》

① 合：符合，吻合。

人要使自己的德性与天地的德性
相符合，使自己的光明与日月的
光明相符合。

❖ 解读 ❖　　《周易》作为中国古代的一部经典著作，不仅蕴含着丰富的哲学思想，还为我们揭示了宇宙、人生和社会的深刻规律。其中，《乾卦·文言》部分更是以其独特的视角和深邃的智慧，为我们描绘了理想人格与天地宇宙之间的和谐关系。特别是"与天地合其德，与日月合其明"这句话，更是将人与宇宙的关系推向了一个新的高度。

第一，"与天地合其德"揭示了人类应当追求的一种理想境界。这里的"天地"不仅指自然界中的天地，更象征着宇宙间的最高法则和规律。而"德"则是指人的道德品质和行为准则。因此，"与天地合其德"可以理解为，人的行为应当与宇宙间的最高法则相契合，即做到"天人合一"，顺应自然规律，遵循天地之道。在《周易》的哲学体系中，天地是宇宙万物生成的根源和载体，它们代表着无限的可能性和创造力。而人类作为宇宙中的一分子，只有与天地合德，才能充分发挥自己的潜能，实现自我超越。这种合德不仅体现在行为上，更体现在思想上。人需要认识到自己的渺小和有限，尊重自然，敬畏天地，从而做到顺应自然规律，与天地同呼吸共命运。

第二，"与日月合其明"则进一步强调了人与宇宙间其他自然现象的和谐关系。日月作为宇宙中的重要天体，不仅代表着光明和希望，还象征着时间的流逝和生命的循环。而"合其明"则意味着人的行为应当与日月的光明相契合，即光明磊落、公正无私。人类作为宇宙中的智慧生命，只有与日月合明，才能拥有正确的价值观和人生观。人需要保持一颗纯净善良的心，追求真理和正义，从而做到光明磊落、无私无畏。

第三，"与天地合其德，与日月合其明"实际上是在强调天地人"三才合一"的哲学思想。在《周易》看来，天地人三者是相互依存、相互影响的。天代表着宇宙间的最高法则和规律，地则代表着自然环境和物质基础，而人则是天地之间的桥梁和纽带。只有天地人三者和谐共处、相互协调，宇宙才能保持平衡和稳定。这种"三才合一"的思想不仅揭示了宇宙的本质规律，还为我们提供了认识世界、改造世界的正确方法。

拓展阅读

在《周易》中，"大人"一词频繁出现，其内涵丰富，往往与心性修养、道德境界及智慧能力紧密相关。"大人"并非仅仅指社会地位高的人，更是指那些具备高尚品德、卓越智慧，以及能够顺应天道、与自然和谐共处的人。"与天地合其德"说的是"大人"能够与天地自然和谐共处，遵循自然规律，不违背天道。他们的行为举止符合自然法则，体现了人与自然的和谐统一。"大人"的成长和修炼是一个不断提升的过程，需要修身养性、汲取智慧、顺应天道、服务社会等多方面的努力和实践。

日中则昃①，月盈②则食③，天地盈虚，与时消息，而况于人乎，况于鬼神乎！

◈ **出处** ◈

《周易·丰卦》

◈ **注释** ◈

① 昃（zè）：太阳偏西。
② 盈：满。
③ 食：亏损。

◈ **译文** ◈

太阳到达正午的时候就会逐渐西斜，月满之后就会出现月亏，天地的盈满与亏损，随着时间的变化而消亡与生息，更何况人，更何况鬼神！

◈ **解读** ◈　　这句话具有深刻的哲学内涵。首先,体现在对宇宙规律的哲学思考上。"天地盈虚,与时消息"是对宇宙万物运行规律的概括。这里的"天地"不仅指自然界的天地,更引申为宇宙间的所有事物。"盈虚"指的是事物的盛衰、增减,而"与时消息"则强调这种变化是随着时间的推移而自然发生的。这体现了古人对宇宙万物运行规律的深刻认识,即一切都在变化之中,没有永恒不变的事物。

其次,体现在对人类社会的类比上。"而况于人乎"将上述自然规律类比到人类社会。人类社会的发展同样遵循着盛衰更替的规律。这种变化不是偶然的,而是由多种因素共同作用的结果。其中,时间因素起着至关重要的作用。因此,我们应该认识到这种规律,以平和的心态面对人生的起伏和变化。

再次,体现在对鬼神领域的探讨上。"况于鬼神乎"将这种规律进一步扩展到超自然领域。在古人的观念中,鬼神是超越人类的存在,它们同样受到宇宙规律的制约。虽然鬼神的具体形态和性质难以捉摸,但它们的存在和变化同样遵循着盈虚消长的规律。这种观点体现了古人对宇宙万物的统一性的认识,即无论是自然界、人类社会还是超自然领域,都遵循着相同的运行规律。

最后,这句话对现代生活也有着深刻的启示。第一,它提醒我们,要用豁达的心态面对生活中的变化。无论是成功还是失败，都是人生旅途中的一部分，我们应该以平和的心态去接受和面对。第二，它告诉我们，不要过于追求永恒和不变。在快速变化的时代背景下，我们应该学会调整自己的生活方式和思维方式，以更好地适应社会的发展和变化。第三，它启示我们，要尊重自然规律和宇宙法则。只有真正理解并遵循这些规律，才能在人生道路上走得更远、更稳。

拓展阅读　　这句话不仅是对自然界规律的深刻描绘，更是对人类社会和超自然领域的一种哲学反思。它告诉我们，宇宙万物都在不断变化之中，没有永恒不变的事物。同时，我们也要尊重自然规律和宇宙法则，以更好地实现自己的人生价值。通过对这句话的解读，我们可以更加深入地理解宇宙万物的运行规律，以及人类社会的本质特征。这不仅有助于我们更好地认识自己和他人，也有助于我们更好地应对生活中的挑战和机遇。

天有时，地有气，材有美，
工有巧，合❶此四者，
然后可以为良❷。

《周礼·冬官考工记》

《注释》

❶合：结合，融合。
❷良：精良的器物。

《译文》

天有寒温之时，地有刚柔之气，
材质有优良的，工艺有精巧的，
把这四个方面结合起来，然后可
以制作出精良的器物。

❖ 解读 ❖　　这句话出自中国古代手工业技术文献《周礼·冬官考工记》（以下简称《考工记》），深刻揭示了古代工艺制作的精髓与奥秘。《考工记》作为先秦时期的重要典籍，不仅详细记述了当时官营手工业各工种的设计规范和制造工艺，还蕴含了丰富的哲学思想和观念，对后世产生了深远的影响。

首先，"天有时"指的是天气和时节的变化对工艺制作的影响。在古代，人们已经认识到，自然界的变化规律对工艺制作有着不可忽视的作用。不同的时节，天气条件各异，如温度、湿度、光照等都会对手工艺品的制作产生直接影响。例如，木材的性质在干燥季节和潮湿季节会有很大差异，这就要求工匠在制作过程中必须根据时节的变换调整工艺方法，以确保器物的质量。因此，"天有时"强调了工艺制作需顺应自然规律，与天时相协调，体现了古人对自然规律的敬畏和尊重。

其次，"地有气"指的是地理环境、气候条件对工艺材料的影响。不同地区的地质、水文、气候等自然条件，孕育了不同的物产和资源，这些材料在质地、性能上各有千秋。工匠在选材时，必须充分考虑材料的地域特性，选择最适合当地气候条件的材料，以确保工艺品的稳定性和耐用性。例如，南方的竹木因气候湿润而柔韧，适合制作家具；北方的石材因质地坚硬而耐磨损，常用于建筑和雕塑。因此，"地有气"要求工匠在工艺制作中要注重材料的地域性，做到因地制宜，这也是对自然环境的一种合理利用和保护。

再次，"材有美"强调的是材料本身的美学价值。在工艺制作中，材料的选择不仅关乎器物的实用性和耐用性，更关乎其审美价值。优质的材料往往具有独特的纹理、色彩和质感，能够赋予工艺品以独特的魅力和生命力。工匠在选材时，应注重材料的天然美感，通过巧妙的构思和设计，将材料的美学特性充分发挥出来，使工艺品成为自然与人工的完美结合。因此，"材有美"是工艺制作中不可或缺的一环，它要求工匠具备敏锐的审美眼光和精湛的技艺，能够将自然之美与人工之巧完美融合。

最后，"工有巧"是对工匠技艺的极高要求。工匠不仅需要掌握精湛的工艺技艺，还需要具备创新精神，不断探索新的工艺方法和材料应用，以推动工艺制作的进步和发展。在古代，许多工匠都是身怀绝技的大师，他们通过长期的实践和学习，掌握了高超的技艺和独特的创作手法，为后世留下了无数珍贵的艺术品。因此，"工有巧"是工艺制作中最为关键的因素之一，它决定了工艺品的质量和水平。

综上所述，"天有时，地有气，材有美，工有巧"这四个方面相互依存、相互制约，共同构成了工艺制作中不可或缺的要素。只有这四个方面都得到充分的满足和协调，才能生产出真正精良的器物。这种精良不仅体现在器物的实用性和耐用性上，更体现在其审美价值和文化内涵上。因此，这四个方面的合一成为衡量工艺品质量的重要标准。

拓展阅读　　《考工记》是中国古代一部重要的手工业技术文献，最早见于《周礼》，是中国目前所见年代最早的关于手工业技术的文献。尽管其作者不详，但学者们普遍认为它是齐国的官书，由稷下学宫的学者编纂而成，主体内容编纂于春秋末至战国初，部分内容补于战国中晚期。《考工记》全文约七千字，记述了木工、金工、皮革工、染色工、刮磨工、陶工等六大类三十个工种的内容，反映了当时中国所达到的科技及工艺水平。此外，它还涉及数学、地理学、力学、声学、建筑学等方面的知识和经验总结，展示了古代中国在自然科学方面的成就。

人法 ❶ 地，地法天，
天法道，道法自然。

《 出处 》

《道德经》第二十五章

《 注释 》

❶法：效法。

《 译文 》

人效法大地，大地效法上天，上天效法大道，大道效法自然。

◆ **解读** ◆ 　　这句话是《道德经》第二十五章中的一句。其原文为："有物混成，先天地生。寂兮寥兮，独立不改，周行而不殆，可以为天下母。吾不知其名，强字之曰'道'，强为之名曰'大'……故道大，天大，地大，人亦大。域中有四大，而人居其一焉。人法地，地法天，天法道，道法自然。"这段文字说的是：有一个东西混然而成，在天地形成以前就已经存在。听不到它的声音，也看不见它的形体，寂静而空虚，不依靠任何外力而独立长存、永不停息，循环运行而永不衰竭，可以作为万物的根本。我不知道它的名字，所以勉强把它叫作"道"，再勉强给它起个名字叫作"大"。它广大无边而运行不息，运行不息而伸展遥远，伸展遥远而又返回本原。所以说道大、天大、地大、人也大。宇宙间有四大，而人居其一。人们依靠大地而生活劳作，繁衍生息；大地依据上天而寒暑交替，化育万物；上天依据"大道"而运行变化，排列时序；"大道"则依据自然之性，顺其自然而成其所以然。

　　从思想层面来看，这句话蕴含了深刻的哲学意义，并且体现了中华文化的独特性。其一，"人法地"。人们生活在大地上，依赖大地的资源而生存。这里的"法"可以理解为仿效、效法，即人们的行为和生活方式应该顺应大地的自然规律。其二，"地法天"。大地依据上天而寒暑交替，化育万物。这里的"天"指的是自然气候、天象变化等。大地化育万物，万物的生长、收藏都是遵循自然气候的规律来进行的。因此，人们应该通过观察和理解天象变化来指导农业生产和生活实践。其三，"天法道"。自然气候、天象变化遵从宇宙间的"大道"而运行。这里的"道"是老子哲学中的核心概念，指的是宇宙间万事万物运行的总规律。天象变化、自然气候都是"道"在宇宙间的具体体现，人们应该通过观察和领悟这些现象来把握"道"的精髓。其四，"道法自然"。"道"所反映出来的规律是自然而然的。这里的"自然"指的是事物本身的内在规律和本质属性。老子认为，"道"是宇宙间最根本的规律，它不以人的意志为转移，而是自然而然地存在着、运行着。因此，人们应该顺应"道"的自然规律，不要人为地去干预和破坏它。

概言之，这句话揭示了宇宙间万事万物相互依存、相互制约的辩证关系。这种顺应自然、尊重自然的哲学思想，对我们今天处理人与自然的关系、推动可持续发展具有重要的启示意义。

**拓展
阅读**

在道家哲学中，"天人合一"指的是人与道、人与天地万物之间的和谐统一。这一观念强调人应当顺应自然、回归自然，与宇宙规律保持一致，从而达到身心的和谐与平衡。它提醒人们要尊重自然、保护环境，实现人与自然的可持续发展。"天人合一"思想是一个深刻且丰富的哲学思想体系，体现了道家对人与自然关系的独特理解和深刻洞察。

万物负①阴而抱②阳，
冲气③以为和。

《 出处 》

《道德经》第四十二章

《 注释 》

① 负：背负，承载。
② 抱：面向，怀抱。
③ 冲气：指阴阳二气的冲突、交融。

《 译文 》

万物都背阴而向阳，并且在阴阳二气的互相激荡交冲下化成新的和谐体。

◈ **解读** ◈　　"万物负阴而抱阳，冲气以为和"是道家哲学中的重要思想，它深刻揭示了宇宙万物的生成、运行及其内在关系。

　　这句话体现了老子对宇宙万物生成和运行规律的深刻洞察。其中，"负阴而抱阳"描述了万物在阴阳二气中的存在状态。"阴"与"阳"，是老子哲学中的两个基本范畴，它们既对立又统一，共同构成了宇宙万物的本质。在这里，"负阴"指的是万物在阴性力量的作用下，具有内敛、沉静、柔顺等特性；"抱阳"则是指万物在阳性力量的作用下，展现出外放、活跃、刚健等特性。万物在阴阳二气的交互作用下，既保持了自身的独立性，又实现了与周围环境的和谐共生。

　　"冲气以为和"则进一步揭示了阴阳二气交互作用的内在机制。在这里，"冲气"指的是阴阳二气在相互冲突、交融的过程中产生的一种新的和谐状态。这种和谐状态并不是简单的平衡或平均，而是一种动态的、充满活力的平衡。阴阳二气在相互制约、相互补充中，达到了一种更高层次的统一。这种统一，既体现了宇宙万物的多样性，又彰显了它们的整体性。

　　《道德经》第四十二章以"道生一，一生二，二生三，三生万物"开篇，揭示了宇宙生成的奥秘。其中，"道"是宇宙万物的总根源，它无形无象，却蕴含着无穷无尽的能量和智慧。从"道"中衍生出的"一"，代表了宇宙的初始状态，它既是无又是有，既是简单的又是复杂的。接着，"一生二"，即"道"衍生出了阴阳二气，它们相互对立、相互依存，共同构成了宇宙的基本框架。然后，"二生三"，即阴阳二气在交互作用中产生了第三种力量——和气。它既是阴阳二气的融合体，又是宇宙万物生成和运行的内在动力。最后，"三生万物"，即和气在宇宙中不断裂变、拓展，形成了千姿百态的万物。

在这一章中，老子还强调了"损之而益，益之而损"的辩证思想。他认为，世间万物都在不断变化之中，有时看似受损却实则获益，有时看似增益却实则受损。这种变化既体现了宇宙万物运行的规律，也启示人们在面对生活中的得失时，应保持一颗平和的心，不被外物所扰。此外，老子还认为，人们应顺应自然，谦卑处世，以和气为本，以柔克刚，实现与宇宙万物的和谐共生。

"万物负阴而抱阳，冲气以为和"是老子哲学中的核心思想之一，通过解读这一思想，我们可以更好地理解老子哲学的精髓和内涵，也可以从中汲取智慧和力量，指导我们的生活和实践。

拓展阅读

王弼认为万物虽然千差万别，但都归源于"一"，即"道"。他强调了"道"的统一性和整体性，以及"冲气以为和"的和谐思想。河上公认为，强横霸道者的行为违背了"道"的自然规律和社会道德规范，因此会遭到天道的惩罚和社会的谴责。

天地与我并❶生，
而万物与我为一。

《出处》

《庄子·齐物论》

《注释》

❶并：共同。

《译文》

天地与我共同存在，万物与我合为一体。

❀ **解读** ❀　　这是《庄子·内篇·齐物论》中的一句名言，它深刻表达了庄子对宇宙、生命以及人与万物关系的哲学思考。这句话不仅是对宇宙万物本质的高度概括，也是庄子"齐物"思想的集中体现。

第一，"天地与我并生"意味着人与天地宇宙是共生共存的。在庄子的哲学体系中，天地不仅仅是物理空间上的概念，更是宇宙万物生成的根源和载体。而"我"则指代每一个个体生命，无论是人类还是其他生物，都是宇宙中的一分子。庄子认为，人与天地之间并没有绝对的界限，而是相互依存、共同演化的。这种共生共存的关系，体现了庄子对宇宙整体性的深刻洞察。"万物与我为一"则进一步强调了人与万物之间的内在联系和统一性。在庄子看来，世间万物尽管形态各异、性质不同，但都源于同一种"道"，遵循相同的自然法则。因此，每个个体生命都与宇宙万物有着内在的关联性和一致性，可以与宇宙万物达成精神上的共鸣与融合。这种观念打破了人与物、物与物之间的界限，实现了自我与万物的统一。

第二，这是庄子的"齐物论"的核心思想之一。所谓"齐物"，就是消除物我之间的分别和对立，认识到万物本质上的同一性。庄子认为，人们之所以会产生分别和对立，是因为受到了主观成见和私欲的束缚。只有超越这些束缚，才能体悟到自我与外界并无绝对界限，所有的生命都在一个宏大的宇宙秩序之中流转变化，彼此影响，相互转化。

第三，庄子的这一理念不仅具有深刻的理论意义，还具有重要的实践指导意义。在实践层面，它鼓励人们放下分别心，培养一种包容、谦逊、和谐相处的生活态度。它倡导人们摒弃过度的物欲追求和竞争心理，学会与大自然、其他生命形态建立和谐共生的关系。这种和谐共生的关系不仅有助于个人的内心平静与自由，也有助于维护整个生态系统的平衡与稳定。

在当今世界面临诸多环境问题的背景下，庄子的这一理念更加具有时代意义。它提醒我们关注环境保护、生态平衡的重要性，倡导人类以更为谦卑和包容的姿态，把自己看作宇宙生态系统的一部分，而非凌驾于万物之上的主宰者。这种生态伦理观对推动绿色发展、构建人与自然和谐共生的美好社会具有重要的启示作用。

拓展 阅读

《齐物论》是《庄子·内篇》中的第二篇，全篇故事与故事之间虽然没有表示关联的语句和段落，但内容上却有统一的主题思想，而且在概括性和思想深度上逐步加深提高，呈现出一种似连非连、若断若续、前后贯通、首尾呼应的精巧结构。该篇的主旨思想是"万物齐一"，强调自然和谐，追求心灵的平静和安宁。庄子认为，人应该追求内在的自由和灵性的提升，只有超越外在的享乐和名利之欲，才能真正达到心灵的平静、安宁和自在。

人与天一邪 **①**。

《出处》

《庄子·山木》

《注释》

① 邪（yé）：语气词。

《译文》

天与人是一体的。

❖ 解读 ❖　　　"人与天一邪"出自《庄子·山木》篇，是庄子借孔子（仲尼）之口探讨人与自然的关系的重要论述。这一命题反映了道家对天人关系的独特见解，强调人与自然的和谐统一。

第一，初步解读时，我们可以将"天"理解为自然界总体或宇宙法则，"人"则指人类社会及其个体。庄子通过这一命题，试图探讨人类与自然界之间的本质联系和可能的和谐共存方式。

第二，在道家哲学中，"道法自然"是其核心理念之一。道家认为，宇宙万物皆由"道"生成，而"道"的本质是自然无为。因此，在道家看来，人类作为宇宙万物的一部分，其本性与自然界的本性应当是同一的。"人与天一"正是这一理念的体现。庄子通过这一命题，强调人类与自然界之间的和谐统一关系。他认为，人类不能违背自然界的法则，而应当顺应自然、融入自然，从而实现与自然的和谐共存。

第三，在深层内涵方面，这句话体现了人性与自然界本性的同一性。庄子认为，人的本性是自然的，与自然界的本性相契合。人类应当摆脱物欲的诱惑，回归自然本真状态，与自然界实现和谐统一。这种同一性不仅是人类生存的基础，也是实现人与自然和谐共处的关键。另外，这句话体现了顺应自然、无为而治的道家思想。在这一理念下，人类应当尊重自然界的法则和规律，不强行干预自然进程。

通过顺应自然、无为而治的方式，人类可以实现与自然的和谐共处和共同发展。"人与天一"揭示了天人和谐关系的内在依据。道家认为，人性与自然界本性的内在一致性决定了外在的天人关系是和谐的。这种和谐关系不是人为构建的，而是自然形成的。

这一理念也为我们提供了思考人与自然和谐共处关系的新视角和方法论，对推动生态文明建设、实现可持续发展具有重要意义。在未来，我们应当继续深入挖掘道家哲学中的宝贵思想资源，将其应用于现代社会实践和生态文明建设之中，为构建人与自然和谐共生的美好未来贡献力量。

拓展阅读

"天人合一"作为中国哲学区别于其他哲学体系的独特标识，贯彻了儒家哲学与道家哲学的致思路径。然而，两者是有一定区别的。与儒家相比，道家更注重从本体论层面探讨人性与自然界本性的同一性。儒家虽然也强调人与自然的和谐关系，但更多是从道德本体论的角度出发，强调人类对自然界的关爱和尊重。了解儒家的"天人合一"思想，可以参阅《周易》；了解道家的"天人合一"思想，可以参阅《道德经》。

天地以合，日月以明，
四时以序，星辰以行，
江河以流，万物以昌❶。

《 出处 》

《荀子·礼论》

《 注释 》

❶昌：繁荣，昌盛。

《 译文 》

天地和谐而风调雨顺，日月光辉
明亮，四季更替有序，星辰正常
运行，江河奔流入海，万物繁荣
昌盛。

❀ 解读 ❀　　这句话蕴含了荀子深刻的哲学思想和宇宙观。这句话不仅描绘了自然界万物运行的和谐与秩序，也反映了荀子对人与自然关系的深刻理解。

第一，"天地以合"体现了宇宙的根本是和谐。"天地以合"作为开篇，强调了天地之间的和谐统一。在荀子的哲学体系中，天地被视为宇宙的根本元素，它们的和谐共生构成了宇宙的基本框架。这里的"合"，不仅指物理空间上的结合，更指天地之气的交融与平衡。荀子认为，人类应该顺应天地之道，尊重自然规律，避免过度干预自然，以维护宇宙的和谐与稳定。

第二，"日月以明"是光明的象征，体现了时间的流转。"日月以明"描述了日月交替、光明照耀的自然现象。日月的明亮不仅为地球带来了光明，更象征着时间的流转与季节的更迭。在荀子看来，日月的明亮是天地和谐的直接体现，它们按照一定的规律运行，为人类提供了稳定的生存环境。同时，日月也象征着智慧与真理，它们的光芒照亮了人类前行的道路，引导着人类社会走向文明与进步。

第三，"四时以序"体现了季节的更替与自然的节奏。"四时以序"指的是四季的更替与节气的有序变化。荀子认为，四季的更替是自然界最为显著的现象之一，它体现了天地之间阴阳之气的消长变化。四季的有序更替不仅影响着农作物的生长与收获，也影响着人类社会的生产与生活。荀子强调，人类应该顺应四季的变化，调整自己的生活方式与节奏，以实现与自然的和谐共生。他提倡根据季节的变化来安排农业生产、生活作息和祭祀活动，以维护人与自然的和谐关系。

第四，"星辰以行"体现了宇宙的秩序及其对人类的指引。"星辰以行"描述了星辰在天空中按照一定的轨道运行的现象。在荀子看来，星辰的运行是宇宙秩序的直接体现，它们按照一定的规律与节奏在天空中穿梭，为人类社会提供时间与方向上的指引。星辰的运行也象征着宇宙的无限广阔与深邃，提醒着人类要谦卑地面对自然、敬畏天地。荀子认为，人类应该通过观察星辰的运行来认识宇宙的奥秘，从而指导自己的行为和决策。

第五，"江河以流"体现了生命的源泉与自然的循环。"江河以流"描述了江河奔腾不息、源远流长的自然景象。江河不仅滋养了大地上的万物生灵，也维持了生态系统的平衡与稳定。荀子认为，江河的流淌是自然界循环往复的生动体现，它们从高山流向低地，再经过蒸发、降雨等过程回到高山，形成了自然界的水循环。人类应该尊重并保护江河资源，合理利用水资源，以维护生态系统的健康与稳定。

第六，"万物以昌"体现了自然界的繁荣与人类的福祉。"万物以昌"作为结尾，总结了前面所述的自然现象与人类行为的关系。只有天地合、日月明、四时序、星辰行、江河流，万物才能得以昌盛。这里的"万物以昌"不仅指自然界的繁荣与生机盎然，更指人类社会的文明与进步。荀子认为，人类应该顺应自然规律，尊重自然，以实现人与自然的和谐共生和社会的可持续发展。

拓展阅读　　《荀子·礼论》系统阐述了"礼"的起源、内容和作用。该篇以荀子的"性恶论"为基础，认为人生而有欲，若欲望得不到满足，就会引发争夺和混乱。因此，圣人制定了礼义来调节人的欲望，避免纷争，维持社会安定。在《礼论》篇中，荀子详细分析了礼的内容，并重点论述了丧祭之礼。他提出"隆礼"的观点，认为礼是治国的根本，是"人道之极"。礼有"养"和"别"两大功能，"养"即满足人的物质欲望和需求，"别"即区分贵贱、长幼、贫富等社会等级，使社会秩序井然。

天地合① 而万物生，
阴阳接而变化起。

《 出处 》

《荀子·礼论》

《 注释 》

① 合：和谐。

《 译文 》

天地和谐是万物生长的基础，阴阳相互交接、作用而发生变化。

◈ 解读 ◈　　"天地合而万物生，阴阳接而变化起"这句话，出自中国古代儒家思想家荀子的《礼论》篇，是荀子对宇宙万物生成与变化规律的深刻洞察和哲学阐述。这句话不仅体现了荀子对自然界万物生成与变化的独特理解，也反映了他的宇宙观、人生观和哲学思想。

　　第一，"天地合而万物生"指的是天地之间的和谐交融是万物得以生成的基础。这里的"天地"可以理解为自然界中的两大基本元素，即天和地，它们分别代表着宇宙中的宏观与微观、阳与阴、动与静等对立统一的方面。而"合"则强调了这两大元素之间的和谐统一，是万物得以生成的前提条件。荀子认为，天地之间的和谐交融是自然界万物生成的根本原因。这种和谐不仅体现在物理层面的相互依存和相互作用，更体现在精神层面的相互理解和相互包容。在这种和谐交融的状态下，万物得以生长繁衍，形成了丰富多彩的自然界。

　　第二，"阴阳接而变化起"则进一步阐述了事物发展变化的内在动力。阴阳是中国古代哲学中的重要概念，代表着事物内部相互对立又相互依存的两个方面。当阴阳相接、相互作用时，就会产生变化，推动事物的发展。荀子认为，阴阳的相接与变化是自然界万物发展变化的根本动力。这种变化不仅体现在物理层面的形态变化上，更体现在精神层面的思想变革和社会进步上。在荀子看来，阴阳相接产生的变化是推动事物发展的关键因素，也是宇宙运行的基本规律。同时，荀子还强调了人在这种变化中的能动作用。他认为，人作为自然界的一部分，不仅要顺应自然规律，还要通过自身的努力和智慧来推动社会的进步和发展。这种能动作用不仅体现在对自然的改造和利用上，更体现在对社会的治理和文化的传承上。

拓展 阅读

儒家的阴阳观是儒家哲学中关于事物性质及其变化规律的学说。"阴阳"的本义为日照的向背，在中国古代以日的向背区别阴阳的观念产生得较早。"阳"，本义为向日；"阴"，本义为背日。甲骨文中已有"阳"字，金文中有"阴"字。"阴阳"二字连用始见于《诗经·大雅·公刘》中的"既景乃岗，相其阴阳"，意指向日和背日，这是在原始意义上使用的。后来，"阴阳"逐渐被抽象为哲学范畴，用以解释天道、人事及其变化规律。儒家认为，阴阳具有对立统一的特点，始终处于不断的运动变化之中，事物的产生、发展都是阴阳矛盾运动的结果。

天地合和，生之大经❶也。

《出处》

《吕氏春秋·有始览》

《注释》

❶ 经：法则。

《译文》

天地之间的和谐，是生命存在和
繁衍的根本法则。

◆**解读**◆ 　　这是深刻阐述宇宙生成与万物起源的哲学命题。这句话不仅揭示了天地交合、阴阳相济是生命诞生的根本法则，还体现了古人对宇宙运行规律的深邃洞察和朴素理解。

　　第一，"天地合和"是宇宙生成的基石。古人认为，宇宙之初，天地尚未分离，一切都处于混沌状态。随着时间的推移，轻微之气上浮为天，重浊之物下沉为地，天地由此而分，万物得以滋生。这一过程，便是"天地合和"的初步体现。"合和"二字，既包含了天地阴阳相交、相互依存的关系，也暗示了万物生成所需的和谐与平衡。天地之间的这种交互作用，为生命的诞生提供了必要的条件。正如《吕氏春秋》中所描述的那样，寒暑交替、日月运行、昼夜更迭这些自然现象，都是"天地合和"的直接结果，也是生命活动不可或缺的外部环境。

　　第二，"天地合和"是生命诞育的根本法则。"生之大经也"指的是生命诞生的根本法则或规律。在古人看来，万物皆由天地合和而生。生命的诞生、成长、繁衍和消亡，都遵循着这一自然法则。从生物学角度来看，生命的诞生离不开适宜的环境条件，如温度、湿度、光照等。这些条件正是"天地合和"的直接体现。例如，寒暑交替为生物提供了必要的温差条件，有助于生物的生长和繁衍；日月运行带来了光照和黑暗的变化，为生物提供了必要的休息时间。

此外，生命的多样性也源于"天地合和"的复杂性。不同的生物适应于不同的环境条件，形成了丰富多彩的生物群落。这些生物群落之间又存在着相互依存、相互制约的关系，共同维持着生态系统的平衡和稳定。

第三，这句话体现了天地万物的关联性。这种关联性不仅体现在生物之间，也体现在自然环境与人类社会之间。例如，古人通过观察天象来预测农作物的收成，通过调整农业生产活动来适应自然环境的变化。这种"天人合一"的思想，正是古人对天地万物的关联性的深刻认识的体现。同时，《吕氏春秋》中还提出了"大同"和"众异"的概念。"大同"指的是天地万物在本质上的统一性，即它们都遵循着"天地合和"的法则；"众异"则指的是万物在形态、功能等方面的差异性，这些差异性正是生命多样性的体现。

第四，"天地合和"思想具有一定的现实意义。这一思想不仅具有深厚的哲学内涵，而且具有重要的现实意义。在当今社会，随着科技的飞速发展和人类活动的不断拓展，环境问题、资源问题、社会问题等日益凸显。这些问题在很大程度上是人与自然之间的不和谐关系所导致的。因此，重新审视"天地合和"的思想，倡导人与自然的和谐共生，对解决当前面临的各种问题具有重要意义。我们应该尊重自然、顺应自然、保护自然，以实现人与自然的和谐共存和可持续发展。同时，"天地合和"的思想还可以为我们提供处理人际关系和社会关系的启示。在人际关系中，我们应该相互理解、相互尊重、相互包容，以实现人与人之间的和谐共处。在社会关系中，我们应该注重对公平正义、法治精神、社会责任等价值观的传承和弘扬，以实现社会的和谐稳定和持续发展。

拓展阅读

　　《吕氏春秋》全书共分二十六卷，一百六十篇，二十余万字，内容涵盖了政治、经济、军事、文化、哲学等多个领域，是中国古代思想文化的重要组成部分。它以道家思想为基础，融合了儒家、法家、墨家、农家、兵家、阴阳家等诸子百家的学说，形成了一套完整的国家治理学说。书中对君主的自处和用民之道进行了详细论述，提出了因时因势、以德治国、正名审分、赏罚之用、重农政策等治国策略。同时，还包含了丰富的寓言故事，如"刻舟求剑"等，对中国古代文学和文化产生了深远影响。

天地之气，莫大于和 ❶。

《出处》

西汉·刘安《淮南子·氾论训》

《注释》

❶ 和：和谐。

《译文》

在天地之间的气息中，和谐是最为重要的。

解读　　《淮南子·氾论训》中的"天地之气，莫大于和"这一观点，深刻揭示了宇宙万物和谐共生的哲学思想。

第一，这句话体现了天地之气的和谐本质。这一论述，首先强调了天地间气的运行与变化的和谐性。天地万物都是由气构成的，而气的和谐运动是宇宙间最基本、最重要的法则。这种和谐不仅体现在四季更替、风雨雷电等自然现象上，更贯穿于生命的诞生、成长、衰老与消亡的全过程。天地之气的和谐，是宇宙万物得以生存与发展的基础。正如《淮南子》中所述，阴阳二气的平和，使得风雨时节、万物蕃息。这种和谐状态，不仅保证了自然界的稳定与繁荣，也为人类社会提供了良好的生存环境与发展条件。

第二，和谐之气有具体表现。其一，是自然界的和谐。在自然界中，和谐之气的表现尤为明显。阴阳二气的平衡，使得四季分明、风雨适时，为万物的生长提供了必要的条件。其二，是人类社会的和谐。人类社会同样需要和谐之气的滋养。《淮南子》中认为，圣王治理天下，应以德政为先，使百姓生活得安宁富足。这种德政的实质，就是追求社会的和谐与稳定。同时，人与人之间的和谐相处，也是社会和谐的重要体现。

第三，这句话体现了和谐之气的营造途径。这主

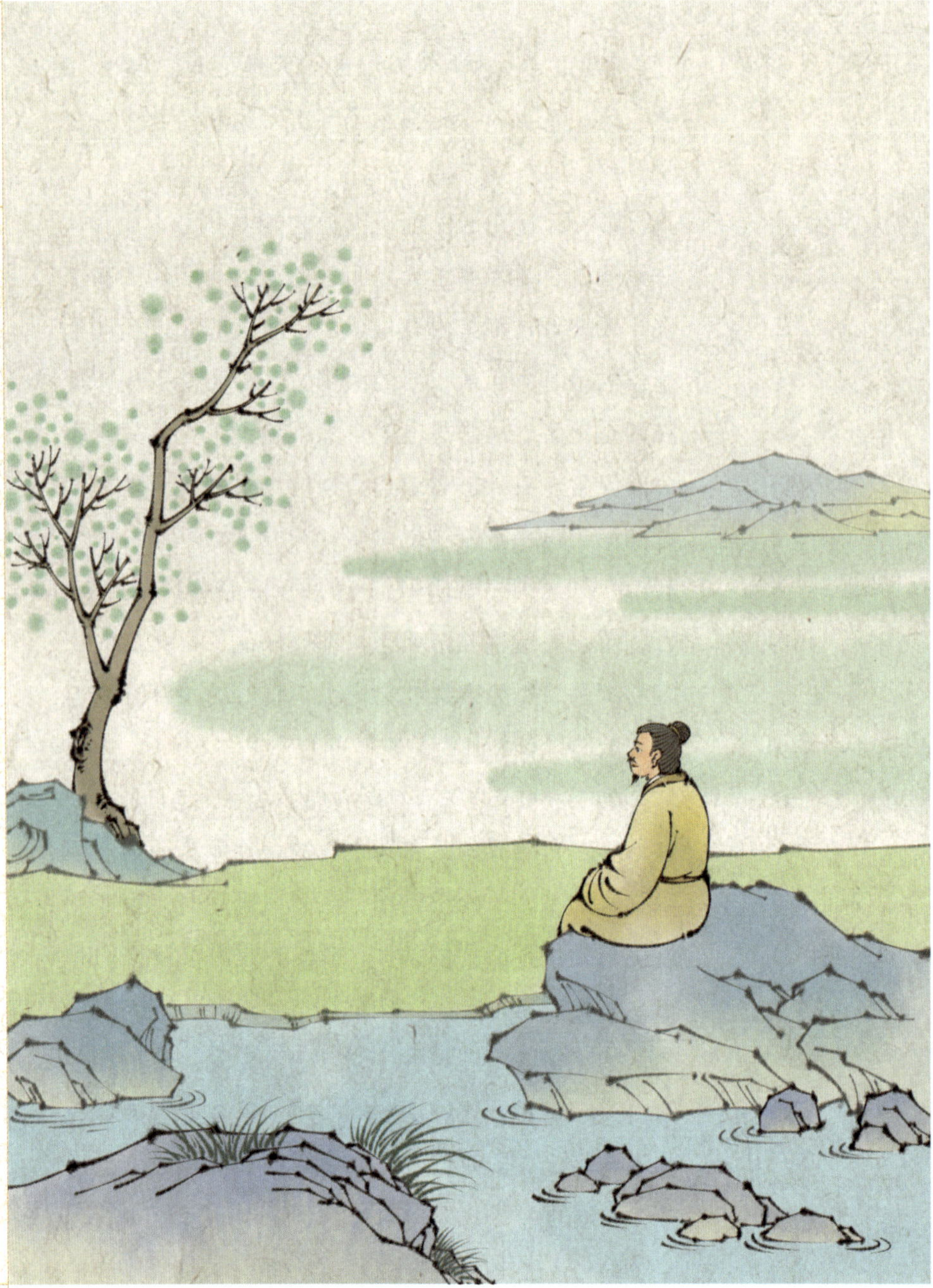

要体现在三个方面：其一，顺应自然。要营造和谐之气，首先需要顺应自然规律。如古人在建筑房屋时，选择适宜的地形与材料，以避风雨、御寒暑；农耕时，根据季节的变化调整耕作方式，以确保农作物的丰收。这些做法都是顺应自然、利用自然的表现，也是营造和谐之气的重要途径。其二，德政为民。对于统治者而言，实行德政是实现社会和谐的关键。德政的核心是以民为本，关注民生疾苦，满足百姓的基本需求。如夏禹治水、商汤伐桀等，都体现了统治者以民为本、造福百姓的德政思想。这种德政不仅赢得了百姓的拥护与支持，也为社会的和谐与稳定奠定了坚实基础。其三，礼乐教化。礼乐教化是营造和谐之气的又一重要途径。礼乐作为古代社会的重要制度与文化符号，具有规范人们行为、调节社会关系的重要作用。通过礼乐教化，人们可以培养道德观念与行为习惯，促进社会的和谐与稳定。如《淮南子》中所述，五帝异道而德覆天下，三王殊事而名施后世，都是因为他们能够根据时势的变化来制定礼乐制度，从而实现社会的和谐与发展。

第四，这句话表明和谐之气具有深远意义。和谐之气，不仅关乎个人与社会的幸福安康，更关系到整个宇宙的和谐与稳定。《淮南子》中认为，宇宙万物都是相互关联、相互依存的。和谐的宇宙环境，可以为万物的生长与发展提供适宜条件；而失衡的宇宙环境，则会导致灾难与混乱。因此，营造和谐之气不仅是对人类社会的责任与担当，更是对宇宙万物的尊重与关爱。

拓展阅读　《淮南子》是西汉初年淮南王刘安召集其门客集体编撰的一部鸿篇巨著，《淮南子·氾论训》是其中的一篇。《淮南子·氾论训》以博说世间古今得失为主旨，通过阐述圣人在不同历史时期的治国理念、礼乐制度及个人修养等方面的变化，强调"道"的变通性和适应性。文中指出，"道"不是僵化不变的教条，而是无时无刻不在随时势而变化，圣人能够顺应时势，因时制宜，从而达到治国安邦的目的。《淮南子·氾论训》是一篇具有深刻哲理和现实意义的重要文献，为我们提供了宝贵的思想财富和实践指导。

故圣人作则①,

必以天地为本②。

出处

《礼记·礼运》

注释

① 则：法则。

② 本：根本。

译文

圣人制定法则，一定以天地作为
根本参照。

解读　　《礼记·礼运》中的这一观点，是儒家思想中关于圣人制定法则、建立社会制度的重要原则。这一原则不仅体现了古人对天地自然的敬畏和尊重，也展现了儒家对于人与自然和谐共生的深刻理解。

第一，"天地为本"是"圣人作则"的哲学基础。"圣人作则，必以天地为本"这一观点，首先建立在中国古代"天人合一"的哲学基础之上。古人认为，天地是万物生成的根源，是宇宙间一切变化的依据。天地之道，即自然法则，是宇宙间最根本、最普遍的规律。圣人作为世间最智慧、最具有德行的人，他们在制定社会制度、规范人们行为时，必须遵循天地之道，以天地为根本。

第二，"天地为本"具体体现在五个方面：其一，阴阳为端。阴阳是天地之道的重要组成部分，代表着宇宙间两种相反相成的力量。圣人制定法则时，必须考虑阴阳的平衡和协调，确保社会制度的公正与合理。其二，四时为柄。四时即春夏秋冬四季，代表着自然界的时间变化。圣人以四时为柄，意味着在制定社会制度时，要顺应季节的变化，调整人们的生产和生活方式，实现人与自然的和谐共生。其三，日星为纪。日星代表着天空中的星辰和日月，是古人观测时间、确定方向的重要依据。圣人以日星为纪，意味着在制定社会制度时，要尊重时间、空间的规律，确保社会秩序的稳定和有序。其四，月以为量。

月之圆缺代表着自然界中周期性的变化。圣人以月以为量，意味着在制定社会制度时，要考虑事物的周期性变化，合理安排人们的生产和生活节奏。其四，鬼神以为徒。鬼神在古代文化中代表着超自然的力量和神秘的存在。圣人以鬼神以为徒，意味着在制定社会制度时，要尊重自然界的神秘力量，保持敬畏之心，避免过度开发和破坏自然资源。其五，五行以为质。五行即金、木、水、火、土五种基本物质元素，代表着宇宙间一切事物的构成。圣人以五行以为质，意味着在制定社会制度时，要考虑事物的本质和属性，确保社会制度的科学性与合理性。

第三，"天地为本"具有一定的实践意义。"圣人作则，必以天地为本"这一观点，不仅具有深刻的哲学意义，也具有重要的实践意义。它要求圣人在制定社会制度时，必须充分考虑自然界的规律和人类的生存需求，实现人与自然的和谐共生。具体来说，这主要表现为三点：其一，圣人要尊重自然界的规律和力量，避免过度开发和破坏自然资源，保护生态环境；其二，圣人要顺应自然界的变化和节奏，调整人们的生产和生活方式，实现人与自然的和谐共生；其三，圣人要制定科学合理的社会制度，保护自然界的生态平衡和生物多样性，确保人类社会的可持续发展。

圣人指的是道德高尚、智慧卓越、品德完美，能引导人们走向正确道路并对社会和他人有深远影响的人。在儒家文化中，圣人是理想化的人物形象，代表着人类所能达到的最高境界。他们知天道，至人伦，为天德，师百世，通天达体。这种对于圣人智慧、道德、能力的推崇，逐渐演变为圣人崇拜。儒家的圣人观不仅是对圣人的崇拜和敬仰，更是对后人的一种激励和鞭策。它提醒我们，个人的言行和行为对社会和他人具有深远的影响，每个人都应该努力提升自己的品德和智慧，为社会的进步和发展做出自己的贡献。

不违天时，不夺❶物性。

《 出处 》

西汉·陆贾《新语·道基》

《 注释 》

❶夺：剥夺。

《 译文 》

不违背天时，不剥夺物的本性。

❀ 解读 ❀　　"不违天时，不夺物性"源自陆贾的《新语·道基》，这是一种强调人类活动应遵循自然规律、尊重事物本性的哲学理念。这一思想蕴含着深刻的生态智慧与人文关怀，对现代社会的可持续发展具有重要的启示意义。

　　第一，"不违天时"是指顺应自然时序，把握时机。"不违天时"强调人类的活动应与自然界的时序保持同步，遵循春种秋收、寒来暑往的自然规律。这一思想体现了古代中国人对自然时序的深刻理解和敬畏之心。在古代农耕社会，不误农时是社会共识。农民们深知，只有按照自然时序进行耕种，才能确保农作物的丰收。同样，在政治、军事等领域，古人也强调要把握时机，因时而动。在现代社会，这一思想同样具有重要意义。随着科技的发展，人类活动对自然的影响日益加深，但自然时序的不可控性仍然是人类必须面对的现实。因此，在发展过程中，我们需要尊重自然时序，避免过度开发和资源浪费，确保人类活动与自然环境之间的和谐共生。

　　第二，"不夺物性"是指尊重事物本性，顺应自然规律。"不夺物性"强调人类应尊重事物的本性，不强行改变其自然状态。这一思想体现了对自然规律的深刻认识和尊重。在自然界中，每一种生物都有其独特的生长周期和习性。如《孟子》中所言："不违农时，谷不可胜食也。"这里的"不违农时"，便是尊重农作物生长规律的表现。同样，在人类社会中，我们也应尊重每个人的个性和需求，避免过度干预和压制。此外，"不夺物性"还体现在对自然资源的合理利用上。人类需要从自然界中获取资源以满足自身需求，但这一过程必须遵循自然规律，避免过度开采和破坏。

"不违天时，不夺物性"的思想对现代社会的可持续发展具有重要的启示意义。在全球化背景下，人类面临着资源短缺、环境污染、生态失衡等一系列挑战。这些挑战要求我们重新审视人与自然的关系，寻求一种更加和谐、可持续的发展方式。我们需要遵循自然时序，合理规划生产活动。在经济发展过程中，要注重生态平衡和环境保护，避免过度开发和资源浪费。同时，还要加强国际合作，共同应对全球性环境问题。此外，我们需要尊重事物本性，合理利用自然资源。在资源利用过程中，要注重资源的再生能力和环境的承载能力，避免过度开采和破坏。同时，还要加强科技创新和人才培养，提高资源利用效率和环境保护水平。

总之，"不违天时，不夺物性"的思想不仅是对古代人类智慧的传承和发扬，更是对现代社会可持续发展的深刻启示。我们需要将这一思想融入人类社会的各个领域和层面中去，共同构建一个和谐共生的人类命运共同体。

《晏子春秋》中的"橘生淮南则为橘，生于淮北则为枳"也是一个生动的例子，表明环境差异对植物生长的影响，也警示我们要尊重自然规律，合理利用自然资源。中华传统文化立足于"天人合一"的理论基石，正体现了中华优秀传统文化对大自然的尊重。无论是《大学》中的"止于至善"，还是《周易》中的"文明以止"，都体现了中华文化中尊重自然规律的思想理念。

天地合气，万物自生 [1]。

《出处》

东汉·王充《论衡·自然》

《注释》

[1] 自生：自然产生。

《译文》

天地之间的阴阳二气相互交融、作用，从而孕育并产生了世间万物。

❧ **解读** ❧　　《论衡》是东汉时期著名思想家王充所著,《自然》是该书中的重要篇章,该篇章集中体现了王充的朴素唯物主义自然观。其中,"天地合气,万物自生"这一核心观点,不仅是对自然界万物起源与生成机制的深刻阐述,也是对当时盛行的神学目的论的有力反驳。

　　"天地合气,万物自生"是《论衡·自然》开篇提出的核心观点。这句话简洁而深刻地揭示了自然界万物生成的根本原理:天地之间,阴阳二气相互交融、相互作用,从而孕育出万物。王充认为,元气(即天地间的原始之气)是构成宇宙万物的基本元素,万物皆由气而生,气散则物灭。元气概念最早可追溯至先秦时期,王充对元气论的发展起到了重要作用。他认为,元气是无形无象、充满宇宙空间的原始物质,具有无穷无尽的生命力和创造力。

　　王充用"天地合气"来描述元气在宇宙间的运行状态。天为阳,地为阴,天地之间阴阳二气相互交感、相互融合,形成了一种和谐的自然秩序。这种秩序是万物生成的基础和前提。在"天地合气"的基础上,万物自然而然地产生和繁衍。王充强调,万物的生成并非天或神的有意创造,而是元气自然运动的结果。这种自然运动是自发的、无目的的,但却充满了生命力和创造力。

　　《论衡·自然》作为王充朴素唯物主义自然观的

重要载体，不仅提出了"天地合气，万物自生"的核心观点，还从多个方面对这一观点进行了深入阐述和论证。第一，对神学目的论的批判。在当时的社会背景下，神学目的论占据主导地位，认为天是有意志、有目的的神灵，它创造了万物，并对其进行管理和控制。王充则坚决反对这种观点，他认为天是无意志、无目的的自然体，与地一样都是由元气构成的。万物的生成和繁衍是元气自然运动的结果，而非天或神的有意创造。第二，对自然现象的科学解释。王充运用朴素唯物主义的观点对自然现象进行了合理的解释。例如，他解释了雷声的产生原因，认为雷是极盛的阳气冲击阴气造成的自然现象，而非天发怒的表现。这种解释在当时的社会背景下具有极大的进步意义，推动了人们对自然现象的认识和理解。

拓展阅读

王充在阐述自然观的同时，也深入探讨了人生哲理。他认为，人的生死、吉凶、祸福都是"自然之道，数之术"，天并不能赏善罚恶、定人吉凶。这种观点打破了当时盛行的因果报应观念，为人们提供了一种更为理性和客观的人生态度。王充在《论衡·自然》中采用了理论结合实际的科学方法，对人的生老病死以及云、雾、露、霜、雨、云、雷电和潮汐等自然现象进行了合理的分析，做出了符合科学的解释。这种方法不仅增强了其论点的说服力，也为后来的科学研究提供了有益的启示。

夫天地合德，万物贵生。

《 出处 》

三国魏·嵇康《声无哀乐论》

《 译文 》

天地和谐的德行保障了万物的生长，万物都珍视生命。

解读　　　"夫天地合德，万物贵生"这一观点，出自嵇康的《声无哀乐论》，是嵇康音乐美学思想中的重要组成部分，体现了他对宇宙自然与生命本质的独特理解。

这句话蕴含了深厚的哲学意蕴。在嵇康看来，天地之间阴阳之气汇合交融，形成了宇宙间的和谐与秩序，这是"天地合德"的具体表现。"万物贵生"则强调了生命在宇宙中的重要地位，万物皆以生存、繁衍为本，这是自然界的基本法则。嵇康将这一观点引入音乐美学中，认为音乐与宇宙自然之间存在着密切的联系。他提出，音乐是天地合德、阴阳变化的产物，是自然界中客观存在的音响之和。这种和，不是人为强加的，而是自然生成的，具有一种超越具体情感的普遍性和永恒性。

《声无哀乐论》是嵇康音乐美学思想的集中体现，其中包含了丰富的哲学思考和深邃的艺术见解。这主要体现在以下几个方面：其一，在音乐本体论方面，嵇康认为，音乐的本体是声音的自然之和，这种和与人的情感无关。他强调，音乐有自己的规则和结构，这些规则和结构决定了音乐的美与不美，而人的情感只是在欣赏音乐的过程中被激发出来的。因此，音乐与情感之间并没有必然的因果关系。其二，在音乐与情感的关系方面，嵇康指出，音乐与情感的关系是一种对应关系，而不是决定关系。他认为，人的情感是内心已有的,音乐只是起到了诱导和媒介的作用,使这些情感得以表现出来。换句话说,音乐并不能直接产生情感,而是情感在音乐的作用下得以释放和表达。其三,在音乐的自然属性方面,嵇康肯定音乐的自然物质属性,认为音乐是客观存在的音响,具有自己的物理形态和客观规律。他反对将音乐简单等同于政治或占卜工具,强调音乐的艺术性和独立性。其四,在音乐的社会功能方面,尽管嵇康认为音乐与情感无必然联系,但他并不否认音乐的社会功能。他认为,音乐可以陶冶人的情操,提升人的审美能力,从而对社会产生积极的影响。然而,这种影响并不是通过音乐的情感内容来实现的,而是通过音乐的形式美和审美体验来实现的。

在《声无哀乐论》中,这一观点不仅是对宇宙自然的描述,更是对音乐本质和价值的深刻揭示。嵇康通过这一观点,强调了音乐的自然属性和客观性,批判了将音乐简单等同于情感或政治工具的倾向。他认为,音乐是宇宙自然之和的体现,是对生命之美的表达,具有超越具体情感和政治功利的普遍性和永恒性。同时,"万物贵生"也体现了嵇康对生命价值的尊重和对生命之美的追求。他认为,音乐作为对生命之美的表达,应该具有一种超越性的力量,能够引导人们追求更高的精神境界和更好的生活方式。这种追求不仅是对个人精神世界的提升,也是对整个社会文化的丰富和发展。

综上所述，"夫天地合德，万物贵生"作为嵇康《声无哀乐论》中的重要观点，不仅揭示了音乐的本质和价值，也体现了嵇康对宇宙自然和生命之美的深刻理解与追求。他的音乐美学思想不仅在当时具有进步意义，也为后世音乐美学的发展提供了宝贵的思想资源。

拓展阅读

嵇康自幼聪颖，身长七尺八寸，容止出众。他博览群书，广习诸艺，尤为喜爱"老庄学说"。早年迎娶魏武帝曹操的曾孙女长乐亭主为妻，拜官郎中，授中散大夫，世称"嵇中散"。司马氏掌权后，嵇康拒绝出仕，选择隐居。他与阮籍、山涛、刘伶、向秀、阮咸、王戎等人被世人称为"竹林七贤"。他们在竹林中聚会，吟诗作乐，探讨哲学，形成了一种独特的魏晋风流。景元四年（263），嵇康因受司隶校尉钟会构陷而遭掌权的大将军司马昭处死，时年四十岁。

三　和而不同

乾❶道变化，各正性命，保合太和，乃利贞❷。

《出处》

《周易·乾卦》

《注释》

❶乾：代表天。
❷贞：同"正"，正固的意思。

《译文》

大自然的运行变化，万物各自静定精神，保全太和元气，以利于守持正固。

解读　第一，"乾道变化"指的是乾卦所代表的天道或自然规律的变化。在《周易》中，乾卦象征着天、阳、刚健等，代表着宇宙间最原始、最本质的力量。乾道的变化，即这种力量的运动、发展和变化，它是宇宙万物生成、发展的根本动力。乾道的变化是无穷无尽的，它不断地推动着宇宙万物的生成、发展和消亡。这种变化不仅体现在自然界中，如季节的更替、日月星辰的运转等，也体现在人类社会和个体的生命历程中。乾道的这种变化性启示我们，要顺应自然规律，不断调整自己的行为和心态，以适应不断变化的环境和条件。

第二，"各正性命"是对乾道变化在个体生命和社会层面上的具体体现。在这里，"各"指的是宇宙间的每一个个体或事物，"正"则是指个体或事物按照乾道的规律，正确地调整自己的性命或本质。

在宇宙中，每一个个体或事物都有其独特的本质。这些本质是由乾道所赋予的，是宇宙间最原始、最本质的力量在个体或事物上的具体表现。

在人类社会中，这意味着每个人都要按照社会规范和道德准则来调整自己的行为，以实现个体与社会的和谐统一。在个体的生命历程中，则意味着要根据自己的天赋和条件，正确地规划自己的人生道路，以实现个体生命的最大价值。

第三，"保合太和"是对"乾道变化"和"各正性命"所达到的一种理想状态的描述。在这里，"保"是指保持、维护，"合"是指和谐、统一，"太和"则是指宇宙间的和谐状态。"乾道变化"和"各正性命"的过程，是一个不断追求和谐与平衡的过程。在这个过程中，宇宙间的个体或事物都在不断地调整自己的状态，以适应乾道的规律。当这种调整达到一种完美的状态时，就形成了"太和"的境界。"太和"不仅是指宇宙间的和谐与平衡，更是指个体或事物内部以及个体与个体、个体与社会之间的和谐与平衡。

第四，"乃利贞"是对上述理想状态的进一步阐述。在这里，"利"是指有利于、有益于，"贞"则是指坚守正道、永恒不变。在"乾道变化"和"各正性命"的过程中，只有达到"太和"的境界，才能够获得真正的利益和发展。这种利益和发展不仅是指物质上的丰富和繁荣，更是指精神上的充实和升华。而要实现这种利益和发展，就必须坚守正道。坚守正道意味着要遵循宇宙间的自然规律和道德准则，不偏离正确的道路并要始终保持一种稳定、持久的状态，不受外界因素的干扰和影响。只有这样，才能够真正实现理想状态。

综上所述，这句话深刻阐述了乾卦所代表的天道或自然规律的变化，以及个体与整体之间的和谐统一关系。这些思想和观念对我们理解宇宙的本质和人生的意义具有重要的启示作用。

**拓展
阅读**

　　《乾卦》是《周易》中的第一卦，象征着天。卦辞是："乾：元亨，利贞。"意思是：乾卦，初始亨通，有利于坚守正道。

　　"元亨"表示万物创始时的伟大亨通，这是天道刚健、运行不息的体现。而"利贞"则强调在初始顺利之时，也要坚守正道，不可偏离。乾卦的六爻分别代表着不同的阶段和状态，以龙为比喻，依次是：潜龙、见龙、惕龙、跃龙、飞龙、亢龙。

嘉❶会❷足以合礼，
利物足以和义。

《出处》

《周易·乾卦》

《注释》

❶嘉：美好。
❷会：会合。

《译文》

寻求美好的会合，就符合"礼"，
施利于他物，就符合"义"。

◈ 解读 ◈　　这句话蕴含了深厚的哲学思想和道德观念，是对乾卦卦辞"元亨，利贞"的进一步阐释和发挥。"嘉会足以合礼"中的"嘉会"，指的是美好的聚会或集会。在《周易》的语境中，这往往象征着君子之间的交往和会合，是德行高尚之人相聚一堂的时刻。而"足以合礼"，则是指这种美好的聚会符合礼仪的规范，体现了君子之间的交往应当遵循的礼制原则。首先，从字面意义上理解，"嘉会"强调了交往的愉悦与和谐，是德行相近之人因志同道合而相聚。这种相聚不仅仅是形式上的，更是心灵上的。而"合礼"则是对这种相聚的进一步约束和规范，要求君子在交往中必须遵循一定的礼仪和规矩，以体现其德行的高尚和庄重。其次，从更深层次上理解，"嘉会足以合礼"还体现了君子之间的相互尊重和包容。在美好的聚会中，君子之间能够彼此倾听、相互理解，尊重彼此的差异和个性，同时也能够包容对方的不足和过错。这种相互尊重和包容的精神，正是礼仪之邦所崇尚的优秀传统文化的一部分。最后，这句话还启示我们，在人际交往中应该注重礼仪和规矩。无论是亲朋好友之间的相聚还是职场上的合作与交流，都应该以礼相待、以诚相待。只有这样，才能建立起和谐的人际关系。

　　"利物足以和义"中的"利物"，指的是有利于他人或社会的事物或行为。而"足以和义"，则是指这种行为或事物足以符合道义的原则和要求。首先，从字面意义上理解，"利物"强调了对他人的关爱和帮助。在《周易》的语境中，这往往指的是君子通过自身的努力和付出，为他人或社会带来利益和福祉。而"和义"则是对这种行为的进一步肯定和评价，认为这种行为符合道义的原则和要求。其次，从更深层次上理解，"利物足以和义"还体现了君子之道的精髓——以天下为己任的担当精神。君子不仅关注自身的道德修养和品行，更关注社会的和谐稳定和人民的幸福安康。最后，这句话还启示我们，在生活和工作中应该关爱和帮助他人。只有这样，才能建立起更加和谐、友善的人际关系。

拓展阅读　　这句话不仅体现了《周易》中君子之道的核心精神，还启示我们在人际交往和社会生活中，应该注重对礼仪的遵循和对他人的关爱与帮助。此外，这句话还提醒我们，在追求个人成长和进步的同时，也要关注社会的和谐稳定和人民的幸福安康。我们应该以天下为己任，积极投身于社会公益事业中，为社会的发展和进步贡献自己的力量。

生生❶ 之谓易❷。

《周易·系辞上》

注释

❶生生：指事物不断地生成、变化、发展。

❷易：是指《周易》这部经典，也代表了变化、变易、不易的哲学思想。

译文

阴阳转化而生生不息叫作变易。

　　"生生之谓易"深刻揭示了《周易》哲学思想的核心内涵。以下是对这句话的详细解读，旨在从多个角度阐述其意义和价值。

第一，这句话体现了"阴阳交感，生生不息"的思想。阴阳交感产生了天地万物，并推动了它们的不断发展。这种交感不是一次性的，而是持续不断的，因此万物才能生生不息。这体现了古人对自然规律的深刻洞察，也为我们提供了认识和理解世界的重要方法。

第二，这句话体现了"天地之大德曰生"的思想。《周易》中认为，天地以化生万物为最伟大的德行。这种化生不仅指自然界的衍生规律，也包括人类社会的生产活动和文化创造。因此，"生生之谓易"不仅是对自然界变化的描述，也是对人类社会发展规律的揭示。它告诉我们，只有不断创造、不断进取，才能推动社会的进步和发展。

第三，这句话还体现了"变化日新，无穷无尽"的思想。"生生之谓易"还强调了变化的无穷无尽和日新月异。这种变化不仅体现在自然界中，也体现在人类社会中。因此，我们需要时刻保持对变化的敏感，不断调整自己的思维和行为方式，以应对不断变化的世界。

此外，"生生之谓易"具有浓厚的实践意义。第一，这一思想可以指导我们的个人成长。在人生的道路上，我们需要不断学习、不断进步，以适应社会的变化和发展。同时，我们也需要保持开放和包容的心态，接受新的思想和观念，不断拓宽自己的视野和思维空间。第二，在社会层面，这一思想可以推动社会的创新和发展。只有不断推陈出新、不断变革，才能推动社会的进步和发展。第三，在文化领域，这一思想可以促进不同文化之间的交流和融合。不同文化之间有着各自的特色和优势，通过交流和融合，可以相互借鉴、相互补充，共同推动人类文明的进步和发展。

拓展阅读

《系辞》是《周易》的重要组成部分，它深入阐述了《周易》的基本意义、原理、功用、起源和筮法。《周易·系辞》中蕴含着丰富的哲学思想，主要包括辩证思维、整体观念及道德准则等。辩证思维即通过阴阳、动静、刚柔等的相互转化和相互作用来揭示事物的变化规律。整体观念是强调宇宙万物的相互联系和整体性，认为任何事物都不是孤立存在的。道德准则是通过揭示吉凶、祸福的变化规律来引导人们遵循道德准则和伦理规范。《周易·系辞》作为中华传统文化的重要组成部分，具有深远的文化价值。它不仅是古代哲学、宗教、文学等领域的重要文献，也是现代人们探索宇宙奥秘、寻求人生智慧的重要资源。

夫和❶实生物，同❷则不继❸。

《〈出处〉》

《国语·史伯对桓公问》

《〈注释〉》

❶ 和：指不同事物的协调与统一。

❷ 同：指事物完全相同。

❸ 继：继续发展。

《〈译文〉》

和谐可以让万物生长发育，如果完全相同，则无法继续发展。

◈ **解读** ◈　　这句格言的原文是："夫和实生物，同则不继。以他平他谓之和，故能丰长而物归之；若以同裨同，尽乃弃矣。"出自《国语·史伯对桓公问》，其内容是西周末期著名政治家、预言家史伯与郑桓公关于国家兴衰、政治策略的深刻讨论的一部分。

　　第一，在哲学内涵方面，这句话揭示了事物发展的根本规律。史伯认为，多样性是事物发展的源泉和动力，而同质化则会导致事物的停滞和衰败。这里的"和"指的是不同元素的协调与平衡，是事物内在多样性的体现；而"同"则是指事物的单一化、同质化，缺乏变化和多样性。史伯进一步解释说，"以他平他谓之和"，即把不同的东西加以协调平衡叫作"和谐"。这种和谐并不是简单的相加或融合，而是要在保持各自独立性的基础上，通过相互补充、相互制约，达到一种动态的平衡。这种平衡是事物能够持续发展的关键。相反，"若以同裨同，尽乃弃矣"，即如果把相同的东西相加，用尽之后就完了。这是因为同质化的事物缺乏内在的矛盾和动力，无法产生新的变化。因此，史伯认为，只有保持事物的多样性，才能实现其持续发展和繁荣。

　　第二，在政治智慧方面，史伯的这一观点在政治领域有着深远的指导意义。他强调多元共治、和谐共生的重要性，认为政治稳定和国家发展离不开不同阶层、不同利益集团的相互协调与平衡。史伯还认为，政治领导者应该具备宽广的胸怀和深远的眼光，能够容纳和协调不同的声音和力量。他批评周幽王抛弃光明正大、有德行的人，喜欢挑拨是非、奸邪阴险的人，这是周朝衰败的重要原因之一。因此，他建议政治领导者选择敢于直谏的人来做官吏，努力做到和谐而不是同一。

第三，在历史影响方面，史伯的这一思想不仅在当时产生了深远的影响，而且对后世的文化、哲学、政治等方面都产生了重要的启示作用。在文化领域，史伯的这一思想为中华传统文化中的"和"文化奠定了思想基础。他认为和谐是事物发展的根本规律，是文化多样性的体现。这一观点与中华传统文化中的"和为贵""和而不同"等思想相呼应，共同构成了中华传统文化的重要组成部分。在哲学领域，史伯的这一思想为后来的哲学家提供了重要的思想资源。他们在此基础上进一步探讨了事物的本质和发展规律，形成了丰富多彩的哲学体系。在政治领域，史伯的这一思想为后世政治家提供了宝贵的政治经验和智慧。他们认识到政治稳定和国家发展离不开多元共治、和谐共生，纷纷采取措施促进不同阶层、不同利益集团的相互协调与平衡。

拓展阅读　　史伯，西周末期的伟大思想家。他担任西周太史，掌管起草文告、册命诸侯、记录史事、撰写史书等要务，同时还兼管国家典籍和天文历法，是朝廷的重臣。史伯提出了"夫和实生物，同则不继"等著名命题，认为不同事物相互结合才能产生新事物，若相同事物相加则无法继续发展。这一思想蕴含了朴素唯物主义和朴素辩证法的因素，在中国思想史和哲学史上占有重要地位。尽管史伯可能不如后世的哲学巨匠那样广为人知，但他的贡献和影响很深远，为后世思想家提供了宝贵的思想资源。

事君数❶，斯❷辱矣；
朋友数，斯疏矣。

出处

《论语·里仁》

注释

❶ 数（shuò）：屡次，多次。
❷ 斯：则，就。

译文

侍奉君主过于频繁，就会招来侮辱；与朋友的关系过于密切，就会被朋友疏远。

◈ 解读 ◈　《论语·里仁》篇中，"事君数，斯辱矣；朋友数，斯疏矣"一句，蕴含了深厚的人生哲理和交往之道。这句话看似简单，却揭示了君臣、朋友之间相处的微妙平衡的法则，以及在人际交往中保持适当距离的重要性。首先，"事君数，斯辱矣"意指侍奉君主过于频繁，就容易招致羞辱。这里的"数"可以理解为频繁、屡次的意思，"斯"则是就的意思。同样，"朋友数，斯疏矣"则是指与朋友相交过于频繁，反而会被疏远。这同样体现了"数"带来的负面效果，即过度亲密反而导致关系的疏远。进一步解读，这句话实际上探讨的是人际交往中的度与分寸。无论是君臣关系还是朋友关系，都需要保持一种适度的距离，过于亲近或疏远都不利于关系的长久维持。子游在这里强调的是一种中庸之德，即在人际交往中找到一个最佳的平衡点。

对于君臣关系来说，孔子一贯强调"忠"与"礼"。然而，这里的"忠"并非无条件地服从，而是要在遵循"道"的前提下，以适当的方式侍奉君主。如果君主有错，臣子应当进谏，但进谏的方式和时机需要拿捏得当。过于频繁的进谏，不仅可能让君主感到厌烦，还可能被视为对君主权威的挑战，从而招致羞辱。因此，臣子在侍奉君主时，既要尽忠职守，又要懂得适可而止，保持一种既尊重又独立的姿态。同样，在朋友关系中，也需要保持适当的距离。朋友之间虽然可以无话不谈，但并不意味着要完全失去自我，或者过度干涉对方的生活。真正的友谊是建立在相互尊重、理解和支持的基础上的。因此，朋友之间应该保持一种既亲密又独立的关系，既能分享彼此的喜怒哀乐，又能尊重对方的个人空间和选择。

这句话还揭示了人性中的一个重要特点，即人们对过度亲密或疏远的关系都会产生一定的反感。就像两只在寒冷的冬天里互相取暖的刺猬一样，它们需要找到一个既能保持温暖又不会刺伤对方的距离。同样，在人际交往中，我们也需要找到一个既能保持亲密又不会让对方感到压力的距离。此外，在人际交往中我们还要保持谦逊和克制，尊重对方的感受和选择，避免因为自己的言行不当而伤害到对方。

**拓展
阅读**

《论语》中首次出现"中庸"一词，如《雍也》篇中的"中庸之为德也，其至矣乎！民鲜久矣"。孔子认为，"中庸之道"是天下通行的准则，是至高的德行。"中"指的是不偏不倚的状态，即在处理问题时，既不偏激也不过分，而是寻求一个恰到好处的平衡点。而"庸"则有多重含义，如平常、常道、定理等，这里主要指恒常不变的道理或规律。因此，"中庸"思想强调遵循事物的内在规律和平衡状态，以达到和谐与稳定。

我不欲人之加❶诸我也，
吾亦欲无加诸人。

《 出处 》

《论语·公冶长》

《 注释 》

❶加：施加，强加。

《 译文 》

我不想别人强加给我什么，我也
不想强加给别人什么。

◈ 解读 ◈　　这句话实际上是孔子对"己所不欲，勿施于人"这一道德准则的另一种阐述，强调了人们在处理人际关系时应遵循的基本原则：不要对别人做自己不希望别人对自己做的事。它体现了人类共有的道德情感，是维护社会和谐、促进人际关系和睦的重要基石。这一准则要求人们在行为上保持自律，尊重他人的权利和感受，避免以自我为中心。它倡导的是一种相互理解、相互包容的社会氛围，要求人们在日常生活中时刻关注他人的感受，避免对他人造成伤害。

　　在儒家思想体系中，这句话占有重要地位。儒家强调"仁爱"和"礼治"，认为人与人之间应该相互关爱、尊重，通过礼仪来规范人的行为，以实现社会的和谐稳定。这句话正是儒家"仁爱"思想的具体体现。儒家认为，一个人只有达到了"己所不欲，勿施于人"的境界，才能被视为真正的君子。

　　在现代社会中，这句话仍然具有重要的实际意义和价值。它提醒人们，在日常生活中要尊重他人的权利和感受，从而建立起和谐的人际关系。

　　这一准则也适用于国际关系。各国应尊重他国的主权和领土完整，不干涉他国内政，以和平、合作、共赢的方式处理国际事务。这样的国际关系才能更加稳定、和谐，有利于世界的和平与发展。

　　个人要在日常生活中实践这一道德观念，需要不断加强自身的修养。这要求个人树立正确的价值观，明确什么是善、什么是恶，什么是应该做的、什么是不应该做的。同时，个人还需要培养同理心，学会站在他人的角度思考问题，理解他人的感受和需求。然而，在实践中，人们往往会遇到各种挑战和困难。有时，由于个人利益的冲突或社会关系的复杂性，人们可能难以完全遵循这一准则。这时，个人需要勇于承认错误，及时改正，并从中吸取教训，避免再次犯错。

拓展阅读

这句格言体现了儒家"推己及人"的重要思想。"推己及人"强调在人际交往中，人们应该以自己的感受和意愿为出发点，去理解和体谅他人的感受和意愿，进而以友善、宽容、尊重的态度对待他人。这句格言所谈的"不欲"是从反面的视角凸显"推己及人"的思想。然而，在《论语》中，孔子还从正面谈及了"推己及人"的思想。《论语·雍也》篇谈到的"己欲立而立人，己欲达而达人"，就是从正面的视角论述"推己及人"的思想。由此可见，儒家的"推己及人"的思想是较为系统的，包含了"欲"与"不欲"两个方面。读者了解这些思想后，可深入研读《论语》的相关篇章。

兴①于诗，立②于礼，成③于乐。

《出处》

《论语·泰伯》

《注释》

① 兴：起也，发端之意。
② 立：定也，稳固之意。
③ 成：终也，完善之意。

《译文》

兴起于《诗经》，立身于礼，完成于音乐。

◆ **解读** ◆　　这是孔子关于教育理念和人格修养的重要论述。这一理念不仅在中国古代具有深远影响，而且在现代社会依然具有重要的应用价值。

第一，"兴于诗"是指个人的修养起始于学诗。在中国古代，诗歌不仅是文学艺术的瑰宝，更是情感表达、志向抒发的载体。孔子认为，诗歌具有强大的感染力，可以启迪心智、陶冶性情，使人懂得人生的真义。通过学诗，人们可以激发内心的情感，培养对美的追求和鉴赏能力，提升个人修养。诗歌之所以能作为人格培养的启蒙阶段，是因为它言志抒情，简单易懂，抑扬顿挫，能感染人，又能教化人，使人兴起好善恶恶之心。因此，"兴于诗"在儒家教育中占据重要地位。通过对诗歌的学习，人们可以学会表达自己的情感，学会在社会交往中展现自己的文化素养和人格魅力。

第二，"立于礼"是孔子教育理念中的关键环节，意指立身必须学礼。礼作为古代社会的行为规范，涵盖了人与人之间的交往准则、社会公共秩序等多个方面。孔子认为，一个人要想在社会中立足，必须遵守礼仪规范，做到言行得体、举止有礼。通过学礼，人们可以建立起良好的人际关系，赢得他人的尊重和信任。在儒家思想中，礼是维护社会秩序、促进人际和谐的重要手段，也是个人修养的重要组成部分。通过学礼，人们可以学会尊重他人，学会与他人和谐相处，学会在社会交往中展现出自己的谦逊和礼貌。这些品质和行为规范不仅有助于个人在社会中立足，也有助于社会的和谐与稳定。

第三，"成于乐"是孔子美育观点的体现，意谓通过学习乐来造就人。在中国古代，乐不仅指音乐，还包括舞蹈、戏剧等艺术形式。孔子认为，音乐具有调节情绪、净化心灵的作用。通过学习乐，人们可以感受到艺术的魅力，体验到和谐与美好，进而达到心灵的升华和精神的富足。在儒家教育中，"成于乐"被视为个人修养的重要阶段。到达这一阶段的途径包括学习音乐知识、欣赏音乐作品、参与音乐活动等。通过这些途径，人们可以逐渐领悟音乐的深层意义，将其内化为自身的修养和品质。音乐不仅能够陶冶人的情操，还能够激发人的创造力和想象力，使人在精神层面得到升华和完善。

这一理念体现了儒家教育循序渐进、逐步提升的特点，强调了诗歌、礼仪、音乐在人格培养中的重要作用。在儒家教育中，这三者相辅相成、缺一不可，共同构成了完整的人格修养体系。这三者共同作用于个人修养的各个方面，使人在知识、技能、情感、道德等多个层面得到发展。

在现代社会，这一理念依然具有重要的应用价值。随着经济的发展和社会的变迁，人们面临着巨大的思想和情感挑战。通过学习诗歌、礼仪和音乐，人们可以培养对美的追求和鉴赏能力，提升个人修养和品质，实现心灵的升华和精神的富足。

**拓展
阅读**

　　这一理念不仅在中国古代具有深远影响，而且在现代社会依然具有重要的应用价值。它揭示了个人修养的完整历程和儒家教育的核心理念，为现代人的成长和发展提供了有益的启示和指导。这体现了中国古代社会融诗教、礼教及乐教于一体的道德教化模式。这一教化模式凸显了古人对道德教化的高度重视，也铸造了儒家的教化哲学的理论形态。

己所不欲，勿施①于人。

《 出处 》

《论语·颜渊》

《 注释 》

① 施：施予，施加。

《 译文 》

自己不想做的事情，不要强加给
别人。

◇ **解读** ◇　　　这一思想源自中国古代儒家经典《论语》。这一原则不仅是儒家思想的精华，也是中华民族千百年来所遵循的为人处世之道。在《论语》中，这一思想被多次提及，体现了儒家学派对人际交往、社会和谐的深刻洞察。

首先，在道德层面，这句话有三方面的内涵。第一，这句话强调了人们应该宽容地对待他人，不要将自己不希望经历的事情强加给别人。这是一种基于"恕"的道德准则，体现了对他人的尊重和理解。它要求人们在处理人际关系时，要设身处地地为他人着想，以自己的感受去体会别人的感受，以自己的处境去推想别人的处境。第二，这一思想也体现了"推己及人"的思维方式。它要求人们在日常生活中，能够从自己的所欲、所想出发，推及他人。如果不愿被人非议，那么就不要非议他人；如果不愿被人欺骗，那就不要欺骗他人。这种换位思考的方式有助于减少人与人之间的矛盾和冲突，促进社会和谐。第三，这一思想还隐含了人与人之间的平等观念。它认为，每个人都不应该将自己不愿意承受的事情强加给别人，这体现了对他人权利和尊严的尊重。

然后，这句话具有重要的现实意义和社会价值。这同样表现在三个方面。第一，在日常生活中，"己所不欲，勿施于人"是维护社会公德、促进社会和谐的准则。它提醒人们在与他人交往时，要保持谦逊和尊重，不要将自己的意愿强加给别人。第二，在制定政策、法律或规章制度时，也应该遵循这一原则。在这一原则的指导下，可以制定出更加公正、合理的政策和法律，从而保障社会的公平和正义。第三，在国际关系中，这一思想同样具有重要意义。各国应该尊重彼此的主权和领土完整，不要将自己的意愿强加给其他国家。通过和平、合作与对话来解决分歧和问题，共同维护国际和平与稳定。

**拓展
阅读**

　　"己所不欲，勿施于人"是一句具有深刻内涵和广泛应用价值的名言。它不仅是儒家思想的精华，也是中华民族传统美德的重要组成部分。在当今社会，这一原则仍然具有重要的现实意义和社会价值。它提醒我们要尊重他人、宽恕待人、推己及人，在处理人际关系、社会生活和国际关系时也要遵循这一原则。只有这样，我们才能共同构建一个和谐、友善、平等的社会环境。

君子和 ❶ 而不同 ❷，
小人同而不和。

出处

《论语·子路》

注释

❶ 和：和谐。
❷ 同：苟同。

译文

君子讲求和谐但不盲目苟同，小人
盲目苟同但不能做到真正的和谐。

❀ 解读 ❀　　这句话深刻揭示了君子与小人在人际交往中的本质区别，以及和谐共处与盲目苟同之间的根本差异。这句话不仅体现了儒家的道德观念，也为我们今天的人际交往提供了宝贵的启示。

第一，"君子和而不同"强调的是君子在人际交往中体现出的和谐状态与包容态度。但这种和谐并非无原则的苟同，而是在尊重差异、理解多样性的基础上实现的。君子懂得，每个人都是独一无二的个体，持有不同的思想、情感和价值观。因此，他们不会强迫他人接受自己的观点，也不会因为他人的不同而心生怨恨。相反地，他们会以开放的心态去倾听、理解和接纳他人，从而在差异中寻找共同点，建立起和谐的关系。君子的"和"体现在他们能够以平等、尊重的态度对待每一个人，不会因为身份、地位、财富等因素而有所偏见。他们懂得欣赏他人的优点，包容他人的缺点，以宽广的胸怀去容纳不同的人和事。同时，君子也坚持自己的原则和立场，不会为了迎合他人而放弃自己的信念。他们相信，真正的和谐是建立在相互尊重和理解的基础上的，而不是通过牺牲自我来实现的。

第二，"小人同而不和"揭示了小人在人际交往中的虚伪和短视。小人追求的是表面的和谐与一致，他们往往缺乏独立思考和判断能力，只会盲目地附和他人，甚至为了讨好他人而违心地改变自己的立场

和观点。这种所谓的"和谐",实际上是建立在欺骗和虚伪的基础上的,它掩盖了人与人之间的真实差异和矛盾,无法形成真正的和谐关系。小人的"同"也只是一种表面现象,无法掩盖他们内心的矛盾和不安。由于缺乏真诚和深度,这种"和谐"关系很容易在面临利益冲突时崩坏。小人往往为了私利而牺牲他人的利益,为了短期的利益而忽略长远的和谐。他们的行为不仅破坏了人与人之间的信任,也破坏了社会的和谐与稳定。

儒家的"君子与小人观"对当代社会具有一定的启示意义。君子与小人在人际交往中的区别主要体现在他们对待差异和矛盾的态度上。君子尊重差异、理解多样性,以开放的心态去接纳他人;而小人则盲目苟同、缺乏独立思考能力,只会追求表面的和谐与一致。这种区别不仅体现了二者在道德观念上的高下之分,也为我们今天的人际交往提供了宝贵的启示。在当今社会,人际关系日益复杂多样。我们不仅要学会与他人和谐相处,更要学会在差异中寻找共同点,建立起真正的和谐关系。这需要我们具备开放的心态、包容的胸怀和独立思考的能力。同时,我们也要警惕那些盲目苟同、缺乏独立思考能力的人,以免被他们的虚伪和短视所迷惑。总之,只有尊重差异,理解多样性,以开放的心态去接纳他人,才能在复杂多变的社会环境中建立起真正的和谐关系。

**拓展
阅读**

在道德品质上，君子具备仁慈、道义、礼节等高尚品质，而小人则自私自利，不守道义，无视礼节。在才能与智慧上，君子具备卓越的才能和智慧，善于思考和探索，而小人则才智平庸，自以为是，不愿意接受新知识。在行为表现上，君子言行一致，讲信用，谦虚谨慎，自强不息，而小人则言行不一，傲慢自大，消极懒惰。儒家通过君子与小人的对比，强调了道德修养和品质提升的重要性。我们应该努力提升自己的道德品质，追求高尚的人格境界。同时，我们也应该警惕小人，避免被他们的低俗观念和自私行为所影响。

畜❶之以道，则民和；
养之以德，则民合。

《出处》

《管子·兵法》

《注释》

❶畜：养育，管理。

《译文》

按照客观规律养育人民，人民就
和睦；按照道德准则养育人民，
人民就和谐。

解读　　这句话具有深刻的内涵。第一，"畜之以道"中的"畜"字，可以理解为畜养或管理，而"道"则指的是事物和社会的发展规律。这里的"道"不仅指自然法则，也包含社会伦理、道德规范及国家治理的原则。通过遵循这些规律，统治者能够引导民众走向和谐，减少社会冲突，实现社会的稳定与繁荣。第二，"养之以德"中的"养"指的是教育、培养，"德"则是指道德、品德。道德是社会和谐的重要基石，通过道德教育，可以培养人们的责任感、同情心，以及相互尊重、相互理解的精神，从而增强社会的凝聚力和向心力。当民众在道德上得到滋养和提升时，他们之间的合作与团结就会更加紧密，社会也会因此变得更加和谐。

这句话具有深刻的理论意义。第一，强调了治国理政的智慧。这句话体现了古代政治家对于治国理政的深刻洞察。他们认为，治理国家不仅要依靠法律和制度，更要注重道德教育和精神引导。通过遵循自然和社会的发展规律，以及加强道德教育，可以实现社会的和谐与稳定。这种思想对现代国家治理仍然具有重要的启示意义。第二，倡导了以人为本的理念。"畜之以道，养之以德"的思想体现了以人为本的治国理念。它强调统治者应该关注民众的需求和利益，通过合理的政策和管理来引导民众走向和谐与繁荣。这种理念与现代社会所倡导的

"以人为本、全面发展"的理念相契合，为现代国家治理提供了有益的借鉴。第三，强调了道德教育在治国理政中的重要性。通过道德教育，可以培养人们的道德品质，提升精神境界和社会的整体道德水平。这种教育不仅有助于个人的成长和发展，也有助于社会的和谐与稳定。因此，加强道德教育是实现社会和谐的重要途径之一。

这句话在当代社会具有重要的启示意义。第一，在现代社会治理中，应该注重遵循自然和社会的发展规律，制定合理的政策和措施来引导民众的行为和观念，实现社会的和谐与稳定，促进社会的全面发展。第二，在现代社会，道德教育仍然具有重要的地位和作用。应该加强道德教育，培养人们的道德品质和精神境界，提升社会的整体道德水平。通过道德教育，可以引导人们树立正确的价值观和人生观，增强社会的凝聚力和向心力。第三，在现代国家治理中，应该倡导以人为本的理念，关注民众的需求和利益，制定合理的政策和措施来保障和改善民生。这样可以增强民众对政府的信任和支持，促进社会的和谐与稳定。

拓展阅读　　管仲，姬姓，管氏，名夷吾，字仲，颍上（今安徽颍上县）人。他是中国古代经济学家、哲学家、政治家、军事家、散文家，也是春秋时期法家代表人物。管仲出身贫苦，后经鲍叔牙举荐为齐相，齐桓公任命他为上卿、相国。在这期间，他采取了一系列的改革措施，最终使得齐桓公成为春秋第一霸主。《管子》一书是稷下道家推崇管仲之作的集结。《汉书·艺文志》将其列入了子部道家类，《隋书·经籍志》则将其列入了法家类。《管子》原共八十六篇，今存七十六篇，是以齐国法家为主，兼及其他各家学术思想的著述总集。

天时不如地利 ❶，
地利不如人和。

《 出处 》

《孟子·公孙丑下》

《 注释 》

❶ 利：有利。

《 译文 》

有利的时机和气候不如有利的地
势，有利的地势又不如人心的团
结和睦。

◈ **解读** ◈　　在军事上，"天时"通常指战争发生的时机，如季节、天气等自然条件，这些条件往往对战争的胜负产生重要影响。然而，孟子认为，尽管"天时"对成功有着不可忽视的作用，但相比之下，"地利"往往更为关键。"天时"如同机遇，它可能转瞬即逝，而"地利"则是一种相对稳定且可持续的优势。例如，在战争中，拥有优越的地理位置和地形地貌的一方，往往能够占据先机，以逸待劳，从而取得战争的胜利。

　　然而，孟子更进一步指出，尽管"地利"对成功至关重要，但"人和"才是决定性的因素。一支人心涣散的军队，即使拥有优越的地理位置也难以取得胜利。相反，一支人心所向、团结一致的军队，即使面临不利的自然条件，也能够通过顽强的意志和紧密的协作，最终战胜敌人。因此，孟子认为，"人和"在军事上是最为核心的因素，它关乎军队的凝聚力和战斗力，是决定战争胜负的关键。

　　除了军事领域外，这一原则在更广泛的领域中同样具有重要的指导意义。在商业竞争中，一个企业可能偶然抓住了市场机遇（天时），但如果没有稳固的市场地位（地利）和强大的团队凝聚力（人和），那么这个机遇很可能只是短暂的。相反，如果一个企业拥有优越的地理位置、丰富的资源或独特的品牌优势（地利），并且拥有一支团结一心、富有创造力的团队（人和），那么就更有可能在激烈的市场竞争中立于不败之地。

在国家治理中，同样需要注重"人和"。一个和谐稳定的社会环境是经济发展的基础，也是国家长治久安的保障。应该积极推动和谐社会建设，加强民族团结，促进民众之间的和谐相处。只有这样，才能够确保国家的稳定和繁荣。

综上所述，这一原则不仅具有深刻的哲学内涵，而且在现代社会具有广泛的指导意义。无论是在军事、经济中，还是在国家治理中，都应该注重对"人和"的利用。通过加强沟通与交流、尊重他人、理解他人，以及积极营造团队氛围等方式，增强团队的凝聚力和向心力，从而发挥出"人和"的最大优势。只有这样，才能够确保事业的成功和国家的长治久安。

**拓展
阅读**

《孟子》记录了孟子的治国思想、政治策略（如仁政、王霸之辨、民本、格君心之非等）和政治行动，也体现了他在教育、伦理以及政治哲学等方面的深刻见解。孟子认为"人性本善"，通过修养可以达到更高的道德境界；他强调统治者应施行"仁政"，即以民为本，关注民生，减少赋税和刑罚；他还区分了以德治国的"王道"和以力服人的"霸道"，倡导前者。孟子的思想对后世产生了深远的影响，特别是在政治理论、教育观念和道德哲学等方面，都有着不可忽视的贡献。《孟子》不仅是儒家学派的重要文献，也是中华传统文化中的瑰宝。

故君子和而不流❶，强哉矫❷。

《出处》

《礼记·中庸》

《注释》

❶流：随波逐流，流俗。
❷矫：强盛的样子。

《译文》

君子与人和谐相处却不随波逐流，
这是强大的表现。

❀ **解读** ❀　　《礼记》作为儒家经典之一，蕴含了深厚的哲学思想和道德准则。其中，"故君子和而不流，强哉矫"一句，不仅是对君子品格的高度概括，更是儒家中庸之道的深刻体现。这句话不仅彰显了君子的和谐之美，更强调了其不失原则、不随波逐流的坚韧品质。

　　在这里，"和"指的是和谐、和睦，是儒家所倡导的人际关系的理想状态。君子作为儒家理想人格的象征，自然应当与人和谐相处，营造和谐的社会氛围。然而，"和"并非无原则的妥协或迎合，而是建立在坚持自我原则和立场基础上的和谐。因此，"不流"便是对这种和谐状态的一种限定，它意味着君子在与人相处时，虽然追求和谐，但绝不会因此而放弃自己的原则和立场，不会盲目地随波逐流。"强哉矫"则是对君子这种品格的由衷赞叹。在这里，"强"指的是有力、健壮，引申为坚韧不拔、不屈不挠的精神品质；"矫"则与"强"同义，进一步强调了君子的刚强和坚定。因此，"强哉矫"便是对君子不失原则、不随波逐流的坚韧品质的赞美。

　　"君子和而不流"实际上体现了儒家中庸之道的核心精神。中庸之道强调在矛盾冲突中寻找平衡点，追求和谐而不失原则。这种平衡点的寻找需要智慧和定力，需要不断地自我反省和修正。君子正是通过不断地修炼和实践，才能够在与人相处时做到既和谐又不失原则。在儒家看来，真正的强者不是那

些依靠武力或权势欺凌弱小的人，而是那些能够在逆境中坚守原则、在诱惑面前保持清醒的人。他们的强大不是外在的，而是内在的，是一种道德和精神上的强大。

在现代社会，这一思想依然具有重要的启示意义。它提醒我们，在与人相处时要保持和谐状态，尊重他人的感受和意见，但同时也要坚守自己的原则和立场，不随波逐流。此外，这一思想还启示我们，在处理人际关系时要善于寻求平衡点。在与人交往时，我们既要关注他人的需求和感受，也要尊重自己的权利。只有在双方都能接受的基础上，才能建立起稳定而持久的人际关系。这种平衡点的寻找需要智慧和耐心，需要我们不断地学习和实践。

**拓展
阅读**

《中庸》原是《礼记》中的一篇，集中论述了儒家关于人生修养、道德品质和处世哲学的思想。相传，《中庸》是战国时期子思所作。子思是孔子的孙子，儒家学派的重要代表人物。《中庸》是儒家经典之一，与《大学》《论语》《孟子》并称为"四书"。在宋元以后，《中庸》成为学校指定的教科书和科举考试的必读书目，对中国古代教育和社会产生了极大的影响。《中庸》是一部论述人生修养境界的道德哲学专著，是儒家经典著作之一。它强调中庸之道和人性修养的重要性，并提出了具体的学习过程和认识方法。

是故能以中和理❶天下者，
其德大盛。

出处

西汉·董仲舒《春秋繁露·循天之
道》

注释

❶理：治理。

译文

能够用中和之道治理天下的人，
一定具备很高的道德。

《 **解读** 》 　　《循天之道》是西汉思想家、政治家、教育家董仲舒所著的《春秋繁露》中的一篇。它深刻阐述了遵循天道、"中和"养生的思想，其中，"是故能以中和理天下者，其德大盛"这一观点，更是对"中和之道"在治国理政中的重要作用给予了高度评价。

　　首先，"中和"是中华传统文化中的一个重要概念，它强调的是事物之间的平衡与和谐。在《循天之道》中，董仲舒指出，中者，即中间，是天地起始、终止之处，是天下最大的根本；和者，是天地生成的原因，是天下共行的普遍原则。他认为，"中和"是天地的正气，阴阳的平和是万物生息繁衍的源泉。

　　其次，这句话体现了董仲舒对中和之道在治国理政中的重要性的深刻认识。他认为，治理国家就像调节阴阳一样，需要找到平衡点，实现社会的和谐稳定。第一，在治国过程中，需要平衡不同阶层、不同群体的利益，避免社会矛盾激化。通过制定公正合理的政策，让每个人都能在社会中找到自己的位置，实现个人价值和社会价值的统一。第二，中和之道强调和谐共处，反对过度争斗和暴力冲突。在治国理政中，需要注重社会稳定，通过法律、道德等手段维护社会秩序，保障人民的生命和财产安全。第三，中和之道还意味着在保持社会稳定的基础上，积极推动社会进步。

　　最后，中和之道在个人修养中也同样重要。董仲舒认为，养身不仅是保养外在的身体，也包括保养内在的心性，是一种内外兼修的"生命保养"。中和之道要求个人保持身心平衡。通过合理的饮食、作息和锻炼，保持身体健康；同时，通过修身养性、陶冶情操，保持心理健康。在个人交往中，中和之道强调和谐共处、互相尊重。通过建立良好的人际关系，增强彼此之间的信任和理解，共同推动社会的和谐发展。此外，中和之道还意味着在道德上追求高尚和纯洁。通过不断学习、反思和实践，提升自己的道德境界和人格魅力，成为社会的楷模和榜样。

在当今社会，我们仍然需要秉持中和之道的精神，注重平衡与和谐，推动社会的持续发展和个人的全面进步。同时，我们也应该深刻认识到，中和之道并不是一种消极避世的哲学，而是一种积极入世、勇于担当的生活态度。只有真正理解了中和之道的内涵和意义，才能不断践行它，为实现社会的和谐稳定和个人的全面发展贡献自己的力量。

拓展阅读

《春秋繁露》集中体现了董仲舒的政治哲学思想，即以儒家思想为中心、杂以阴阳五行学说构建起的思想体系。书中推崇公羊学，阐发"春秋大一统"之旨，详细阐述了阴阳五行、"天人合一"的政治道德观，以及"性三品"的人性论、"王道之三纲，可求于天"的伦理思想，宣扬赤、黑、白三统循环的历史观，为汉代中央集权的统治制度奠定了理论基础。

四　追求大同

天下同归 ❶ 而殊 ❷ 途 ❸。

《 出处 》

《周易·系辞下》

《 注释 》

❶ 归：归宿。

❷ 殊：不同，差异。

❸ 途：途径。

《 译文 》

天下万事万物，通过不同的途径，
可以走到同一个归宿。

解读 　　在思想内涵方面，"天下同归而殊途"意指虽然世间万物和人类社会的发展最终都将归于同一个目标或终点，但实现这一目标的路径和方法却是多种多样的。这一思想体现了《周易》中"变易"与"不易"的辩证统一，即万物皆在变化之中，但变化的背后又隐藏着不变的规律。在《周易·系辞下》中，这一思想通过多个层面得以体现。其一，从自然法则的角度看，"是以立天之道曰阴与阳，立地之道曰柔与刚"，阴阳互补、刚柔并济是自然界运行的基本规律。这一规律同样适用于人类社会，即人类社会的发展虽有多种形态和路径，但终究要遵循仁爱与正义的基本原则。其二，从社会发展的角度看，"天下同归而殊途"正是变革思想的生动体现。它告诉我们，虽然目标一致，但实现目标的路径和方法可以因时、因地、因人而异。

　　在思想意义方面，这句话具有多重意义。其一，强调了世间万物的多样性，提醒我们在认识和评价事物时，应尊重其独特性和差异性。这种尊重多样性的态度有助于促进社会的和谐与进步。其二，在面对问题和挑战时，这一思想鼓励我们不要拘泥于传统观念和固有模式，应勇于尝试新的方法和路径。这种创新精神是推动社会发展的重要动力。其三，在多元化社会中，不同文化、不同观念、不同生活方式的存在是不可避免的。而这一思想则强调我们应以包容的心态去接纳和理解这些差异，从而实现社会的和谐。

　　此外，这句话还具有一定的实际应用意义。其一，在教育过程中，教师应尊重学生的个性差异，因材施教，为每个学生提供适合其发展的教育路径。同时，鼓励学生培养创新思维和批判性思维，以应对未来社会的挑战。其二，在国际关系中，这一思想有助于各国在尊重彼此主权和利益的基础上，寻求共同点和合作空间。通过加强对话和交流，增进理解和信任，共同应对全球性挑战。其三，在个人成长的过程中，每个人都应认识到自己的独特性和价值，选择适合自己的发展道路。同时，保持开放的心态和学习的精神，不断学习新的知识和技能，以实现个人的全面发展。

拓展阅读

　　"天下同归而殊途"体现了人们对于生命意义和价值的共同追求，但同时也承认了每个人在追求这些目标时的独特性和差异性。这一思想鼓励人们尊重他人的选择和道路，即使这些选择和道路与自己的不同，也应该以开放和包容的心态去理解和接纳。在商业领域，企业家们都希望获得成功和利益，但企业的经营策略和市场定位可能各不相同。有些企业可能更注重产品创新和技术研发，而有些企业则可能更注重市场营销和品牌推广。企业家们需要根据市场环境和竞争态势来制定适合企业的经营策略，以实现企业的良性发展。

甘①其食，美其服，
安其居，乐其俗。

出处

《道德经》第八十章

注释

①甘：指认为（食物味道）甘甜。

译文

使人民吃得香甜，穿得漂亮，住得安逸，过得快乐。

《道德经》是道家经典之作，由古代思想家老子所著，全书共八十一章，蕴含着丰富的哲学思想和人生智慧。在第八十章中，老子以"小国寡民"为引子，构建了一个理想中的社会蓝图。其中，"甘其食，美其服，安其居，乐其俗"便是这一蓝图中关于人民生活状态的描述。

其一，"甘其食"意味着人们应该满足于自己所吃的食物，不追求奢靡的口腹之欲。在老子看来，理想社会中的百姓并不追求山珍海味、珍馐佳肴，而是能够珍惜并享受简单、自然的食物。这种满足不仅体现在物质层面，更在于内心的平和与感恩。老子通过"甘其食"强调了人们对自然和简朴生活的尊重，以及对基本生活需求的满足。

其二，"美其服"则强调人们应该欣赏自己所穿的衣服，不追求华丽的外表。在理想社会，百姓并不追求时尚潮流、名牌服饰，而是能够珍视并欣赏自己身上的衣物。这种美并非外在的虚荣，而是内在品质的体现。老子通过"美其服"倡导人们注重内在修养，而非外在的炫耀和攀比。

其三，"安其居"意味着人们应该满足于自己的住所，不追求豪华的居住环境。在老子看来，理想社会中的百姓能够安于简陋的居所，享受家庭的温暖和安宁。这种满足不仅体现在居住条件上，更在于内心的平静和归属感。老子通过"安其居"表达了人们对安定生活的向往和对家庭幸福的珍视。

其四，"乐其俗"则表明人们应该乐于接受和遵循风俗习惯，不盲目追求外来的文化或生活方式。在理想社会中，百姓能够尊重并弘扬自己的文化传统，享受习俗带来的欢乐。这种乐并非对外来文化的排斥，而是对本土文化的自信和热爱。老子通过"乐其俗"强调了文化的传承和稳定，以及人们对本土文化的认同和尊重。

"甘其食，美其服，安其居，乐其俗"这句话不仅是对理想社会状态的描述，也是对人们内心平和与满足的强调。在老子看来，理想社会中的百姓应该珍惜并享受简单、自然的生活，注重内在修养和品质的提升，而不是盲目追求物质享受和外在虚荣。这种生活态度不仅有助于个人的身心健康和幸福感的提升，也有助于社会的和谐与稳定。从现代的角度看，这句话依然具有重要的启示意义。在物质极大丰富的今天，人们往往容易陷入对物质享受的过度追求中，而忽视内心的平和与满足。因此，我们应该学习老子的智慧，珍惜并享受简单、自然的生活，注重内在修养和品质的提升，以更加平和、满足的心态面对生活中的挑战和困难。

同时，这也提醒我们要尊重并弘扬自己的文化传统，保持对本土文化的自信和热爱。在全球化日益加深的今天，我们应该更加珍视自己的文化根脉，传承和弘扬中华优秀传统文化，为构建人类命运共同体贡献自己的力量。

 拓展阅读　　《道德经》是春秋时期老子所著的哲学作品，又称《道德真经》《老子》《五千言》《老子五千文》，是中国古代先秦诸子分家前的一部著作，是道家哲学思想的重要来源。《道德经》第八十章展现了老子对理想社会的深刻思考和独特见解。他通过描绘"小国寡民"的生活状态，表达了自己对和平、简朴生活的向往和追求。同时，他也对现代文明可能带来的复杂性和混乱性表示了担忧和警惕。

君子敬而无失，与人恭而有礼，四海之内皆兄弟也。

《 出处 》

《论语·颜渊》

《 译文 》

君子只要谨慎行事，不犯过错，对人恭敬而有礼貌，那么整个天下的人都会成为你的兄弟。

《论语·颜渊》中的这句话虽然简短，却蕴含了深刻的哲理与重要的道德准则，是对君子品德的又一重要阐述。

从表层来看，"君子敬而无失"意指君子在行事时保持敬畏之心，谨慎小心，从而避免过失。"敬"在此处不仅指对人或事的敬重，更是一种内心的警觉与自律，确保自己的行为符合道德规范，不偏离正道。"无失"则是这种敬畏之心带来的结果，因为谨慎而少犯错误。"与人恭而有礼"的"恭"指的是恭敬、谦逊的态度，是对他人的尊重与礼貌。"有礼"强调如果仅仅停留在表面的恭敬上，而忽略了内在的礼法、礼节，那么这种恭敬就失去了其应有的意义。这句话提醒我们，恭敬应基于深厚的礼教修养，否则便会流于形式，难以达到真正的和谐与尊重。"四海之内皆兄弟也"则表达了一种"天下大同"的理想情怀，无论地域、种族、文化背景如何，人们都应像兄弟一样相待，体现了儒家文化中"仁爱"与"大同"的思想。

从深层来看，这句话首先强调的是君子的道德修养。君子通过"敬"与"恭"来展现自己的德行，但更重要的是，这些德行必须建立在真实、深刻的理解与实践之上，而非仅仅停留在表面形式上。"敬而无失"，是对自我的严格要求；"恭而有礼"，则是对外在表现的反思与警醒。在儒家文化中，"礼"不仅是外在的行为规范，更是内在情感的体现。真正的恭敬不仅仅是言语和态度的恭敬，更是对礼法的遵循与尊重。这句话启示我们，真正的君子不仅要做到外在的恭敬，更要深入理解并实践礼法精神。"四海之内皆兄弟也"反映了儒家对社会和谐的追求。这种理想超越了血缘和地域的界限，倡导一种基于仁爱与平等的社会关系，是儒家"大同"思想的具体体现。

拓展阅读

这句话不仅反映了儒家文化的核心价值，也体现了中华民族传统文化的深厚底蕴。它强调个人修养的重要性，倡导社会和谐与"大同"的理想，为后世提供了宝贵的精神财富。在当今社会，面对复杂多变的国内外环境，我们更应该深入挖掘和传承优秀传统文化，让其在新的时代背景下焕发出更加璀璨的光芒。《论语·颜渊》中的这句话，不仅是对君子品德的深刻阐述，更是对构建和谐社会的理想追求。它启示我们，要成为一位真正的君子，不仅要在外在行为上做到恭敬谨慎，更要在内心修养上达到礼法并重、心怀"仁爱"、追求"大同"社会的境界。

不患寡 ❶ 而患不均，不患贫而患不安。

《出处》

《论语·季氏》

《注释》

❶ 寡：少。

《译文》

不担忧财富少，担忧的是财富分配不均匀。不担忧贫困，担忧的是不安定。

解读 这句话出自《论语·季氏》，体现了孔子对治理国家的深刻见解。这句话蕴含着丰富的哲理，既体现了孔子对社会公平与正义的追求，也为后世的社会治理提供了宝贵的启示。

这句话的字面含义是，对于掌管国家或有封地的人来说，不应担忧人口稀少或物质贫乏，而应关注财富分配是否均匀，以及社会是否和谐安定。"不患寡而患不均"强调的是相比于人口、资源和财富的多少，更应关注的是资源、财富的分配是否公平合理。这里的"均"并非指平均分配，而是指均衡、公平，即各得其分，避免贫富差距过大。"不患贫而患不安"指出物质的贫富并非最关键的，社会的稳定和谐、人民的安居乐业才是国家长治久安的根本。一个安定的社会环境是经济发展的前提，也是国家繁荣稳定的保障。这里的"安"指的是社会秩序的稳定和人民生活的安宁。

这句话深刻反映了孔子对社会公平与正义的追求，以及对社会治理的深刻洞察。这主要体现在两个方面。其一，社会公平与正义。孔子通过这句话传达了一种超越物质层面的社会治理智慧，即社会的和谐与稳定是建立在公平分配和相互信任的基础之上的。这种思想与现代社会主义的公平和正义理念不谋而合。其二，社会治理的基石。在孔子看来，"均"与"安"是治理国家的两大基石。只有确保每个人都能得到自己应得的份额，才能避免社会矛盾和冲突；只有保持社会的和谐稳定，才能为经济发展提供良好的环境。这两点都是实现国家治理目标不可或缺的条件。

在当今社会，这一思想仍然具有重要的现实意义。其一，关乎贫富差距与社会和谐。随着经济全球化和社会的发展，贫富差距问题日益凸显。各国政府通过制定相关法律政策，努力缩小贫富差距，提高社会福利水平，以实现社会的公平与和谐。这既是孔子思想的现代实践，也是现代社会治理的重要目标。其二，关乎社会稳定与国家发展。只有保持社会的和谐稳定，才能为经济发展提供良好的环境，为人民的幸福生活提供坚实的保障。因此，社会的和谐与稳定是国家发展的基石。

**拓展
阅读**

《论语》中关于财富与公平问题的探讨，其中就有"季康子患盗"的典故。季康子是鲁国的大夫，在他执政期间，鲁国盗贼四起，社会治安问题严重。季康子对此深感忧虑，于是向孔子请教如何治理盗贼。面对季康子的求教，孔子直截了当地回答："苟子之不欲，虽赏之不窃。"这句话的意思是，如果季康子自己能够做到没有贪欲，那么即使奖赏人们去偷窃，他们也不会去偷。孔子实际上是在指出，盗贼之患的根源在于统治者的贪欲。如果统治者能够克制自己的贪欲，做到清正廉洁，那么百姓自然也会受到感化，不会走上偷盗之路。

兴 **①** 天下之利，除天下之害。

《出处》

《墨子·尚同中》

《注释》

① 兴：兴盛，兴旺。

《译文》

兴天下的利益，除去天下的祸害。

解读　这是墨子思想体系中的重要理念，体现了其"兼爱，非攻""尚同，尚贤"的政治主张。

在理念内涵方面，这一理念的核心在于追求社会的整体福祉与和谐，消除一切可能导致社会动荡与人民苦难的根源。在墨子看来，社会的混乱与不安源于人们各自为政、意见不一，缺乏统一的领导与道德规范。因此，他提出"尚同"之政，建立一个由上至下层层相属的行政体系，实现社会的统一与和谐。

在实践路径方面，其一，墨子认为，要"兴天下之利，除天下之害"，首先必须确立一个公正无私、智慧贤能的领导核心，即天子。天子应具备高尚的道德品质与卓越的领导能力，能够统一天下的意见，制定并执行公正合理的政策。同时，天子还需选拔贤良之士担任三公、诸侯国君、乡长等各级行政长官，形成一个严密的行政体系，以确保政令畅通无阻，政策得以有效实施。其二，在墨子的政治构想中，"尚贤"是"尚同"的基础。他主张不论出身贵贱，只要德才兼备，就应被选拔到重要的领导岗位上。这一理念打破了传统的世袭制度，为人才的涌现提供了广阔的空间。其三，墨子强调，要实现社会的和谐与稳定，必须建立严格的赏罚制度。对于那些为社会做出贡献、遵守道德规范的人，应给予丰厚的奖励与荣誉；而对于那些破坏社会秩序、违背道德规范的人，则应给予严厉的惩罚与谴责。通过赏罚分明，可以激发人们的积极性与创造力，同时遏制不良行为的发生。其四，墨子认为，要实现社会的长治久安，还必须注重教化民众。他主张通过教育引导人们树立正确的价值观与道德观，培养他们的责任感与使命感。同时，还应加强法律宣传与普及工作，让每个人都了解自己的权利与义务，自觉遵守法律法规。

在现实意义方面，这一理念在当今社会依然具有重要的现实意义。它提醒我们，在追求个人利益的同时，不能忽视社会的整体利益与和谐。同时，也应重视人才的培养与选拔工作，为社会的持续发展提供坚实的人才保障。此外，提高人们的道德素质与法律意识也是实现社会和谐的重要途径。

拓展阅读

墨子的思想在战国时期产生了深远的影响，墨家学派与儒家学派并称"显学"。墨子的贡献不仅仅局限于文化领域。墨子在科学领域也有着卓越的贡献。他是人类历史上第一位进行光学实验的人。《墨子》一书中记录了小孔成像实验，首次发现了光的直线传播规律。此外，墨子还发现了"光学八条"，科学解释了种种光学现象。在数学领域，他首先提出了关于"倍""圆""正方形"的定义，并对十进制算法进行了一定的总结和推进。在机械制造方面，墨子曾研制出一种能够飞行的木鸟。他还发明了连弩车、转射机、藉车等器械，这些器械所涉及的技术被称为"墨家机关术"。

独 乐 ❶ 乐 ❷ 不 如 众 乐 乐。

《 出处 》

《孟子·梁惠王下》

《 注释 》

❶ 乐（yuè）：名词用作动词，指
欣赏音乐。
❷ 乐（lè）：名词，快乐，乐趣。

《 译文 》

一个人独自欣赏音乐获得的快乐，
不如与众人一起欣赏音乐获得的
快乐。

◈ 解读 ◈

　　"独乐乐不如众乐乐"的字面意思是，一个人独自欣赏音乐所带来的快乐，远远比不上与众人一同分享音乐所带来的快乐。这句话出自《孟子·梁惠王下》中的一段对话。孟子在与梁惠王的交流中，通过这一比喻，阐述了分享与共同体验快乐的重要性。

　　这句话蕴含着深层含义与人生哲理。第一，孟子通过这一理念，强调了分享的重要性。在他看来，个人的快乐是有限且短暂的，而通过与他人分享，快乐可以得到无限地放大和延续。这种分享不仅能让快乐变得更加丰富和深刻，还能增进人与人之间的情感交流，促进社会的和谐与进步。第二，这一理念还蕴含着一种包容与开放的精神。它鼓励人们打破个人的界限，以更加开放的心态去接纳和欣赏他人的快乐，从而形成一种积极向上的社会氛围。在这种氛围中，每个人都能感受到来自他人的温暖与支持，共同创造一个更加美好的世界。第三，在团队合作中，这一理念同样具有重要的价值。它强调了团队精神的重要性，鼓励成员之间相互支持、协作和分享。只有每个成员都能以开放的心态去接纳和欣赏他人，团队才能形成强大的凝聚力和向心力，共同面对挑战和困难。第四，分享快乐还能提高个人的自我认同感和成就感。当个人发现自己的快乐能够感染和影响他人时，会更加自信。这种自我认同感和成就感对心理健康至关重要，也是个人成长和进步的动力源泉。

　　此外，这句话还具有一定的实践意义。第一，在教育领域，这一理念被广泛应用于教学实践。教师们鼓励学生通过小组合作、讨论交流等方式共同学习，分享知识和经验。这种教学方式不仅提高了学生的学习效率，还培养了他们的团队协作能力和社交技能，让他们在分享中获得更多的成长和进步。第二，在娱乐行业中，音乐节、演唱会和电影首映式等活动都强调与观众互动，让观众成为活动的一部分，共同分享快乐。这种互动不仅增强了活动的趣味性，提高了参与度，还让观众在分享中获得更多的快乐和满足。第三，在社会公益活动领域，通过参与社会公益活动，人们可以将自己的快乐传递给更多的人。这种奉献和分享的精神不仅能让个人感受到更多的快乐和满足，还能为社会的和谐与进步贡献自己的力量。

　　这一理念不仅体现了孟子对人生哲理的深刻洞察，也为现代社会提供了宝贵的启示。它告诉我们，分享是快乐的源泉，包容与开放是构建和谐社会的基石。在追求个人快乐的同时，我们也应关注他人的感受和需求，以更加开放和包容的心态去接纳和欣赏他人的快乐。只有这样，我们才能共同创造一个更加美好、和谐的世界。

拓展阅读

　　孟子在《孟子·尽心上》中明确提出了"君子三乐"的观点。"父母俱存，兄弟无故"，这是君子的第一乐事。孟子认为，父母健在，兄弟之间没有怨恨，家庭关系融洽，意味着家族兴旺，这是每个人内心深处最真挚的情感需求。这种快乐不仅是物质上的满足，更是精神上的慰藉。"仰不愧于天，俯不怍于人"，这是君子的第二乐事。孟子强调，这种快乐源于个人的自我实现和道德完善，是精神层面的高度满足。在复杂多变的社会环境中保持清醒的头脑和高尚的品格，不违背道德原则，是君子应有的修养。"得天下英才而教育之"，这是君子的第三乐事。他认为，能够发现并培养有才华的人，帮助他们成长和进步，是君子的第三大快乐。这种快乐不仅来自个人的成就感，更来自对社会的贡献和影响。

大道 ❶ 之行也 ❷，天下为公 ❸。

《 出处 》

《礼记·礼运》

《 注释 》

❶ 大道：正道，真理。

❷ 行：施行。

❸ 公：共有的。

《 译文 》

大道施行的时候，天下是人们所共有的。

解读　　《礼记》是先秦儒家思想的重要典籍之一，集中体现了儒家的政治、哲学和伦理思想。《礼运》篇作为《礼记》中的第九篇，详细阐述了儒家对于理想社会的构想与追求。在这一篇章中，"大道之行也，天下为公"奠定了整篇文章的基调，表达了对理想社会的深切向往。"大道"在这里指的是至高无上的道德准则或自然法则，它超越了个人和集团的利益，是普遍适用、永恒不变的原则。在儒家思想中，"大道"通常指的是宇宙间的真理、正道或道德法则，它要求人们遵循自然规律和社会秩序，实现社会的和谐与稳定。"行"字表明这一道德准则或自然法则正在被广泛施行或推广，意味着社会正在向理想状态迈进。"天下"指的是整个世界或社会，是所有人共同生活的空间。"为公"则强调了社会资源的共享性和公共性，意味着整个世界或社会应该是一个公平、公正、平等的社会，每个人都应该享有相同的权利和机会，在社会中被平等对待。这一理念体现了儒家对社会公正、平等与和谐的深切向往，也是中国古代社会对理想社会形态的一种重要构想。

　　进一步看，"大道之行也，天下为公"还具有更为深刻的内涵。第一，社会公正与平等。这句话表达了对社会公正与平等的追求。在儒家看来，理想的社会应该是公正无私的，资源应该公平分配，人人平等共享。第二，公共利益至上。"天下为公"强调

了公共利益的重要性。在儒家思想中，公共利益是至高无上的，个人利益应该服从于公共利益。第三，这句话还体现了儒家对于大同社会的构想。大同社会是一种没有阶级、没有剥削、人人平等、资源共享的理想社会状态。在这一社会中，人们不再为私利而争斗，而是共同追求社会的和谐与繁荣。

此外，这句话还具有强烈的现实意义。第一，在社会治理方面，这一思想对现代社会治理具有重要的指导意义。它鼓励我们探索更加公正、平等和有效的社会治理模式，努力创造一个更加和谐、公正、繁荣的世界。第二，在价值观念方面，在全球化日益加深的今天，各国之间的联系更加紧密，资源的共享和利益的共赢成为时代的主流。这一思想鼓励我们超越国界和种族的界限，共同追求人类的福祉和进步。同时，它也提醒我们，在追求个人利益的同时，也要关注公共利益和人类的共同命运。

**拓展
阅读**

《礼运》主要记载了古代社会政治风俗的演变、社会历史的发展，以及礼的起源、基本内容、与社会生活的关系等，表达了儒家的社会历史观和对礼仪的看法。《礼运》实际上反映了儒家的政治思想和历史观点，尤其是其中的"大同"思想，对历代政治家、改革家都有深刻的影响。康有为就曾为《礼运》作注，并在注解中阐述了其有关变法维新的政治主张。

天无私覆 ❶，地无私载 ❷，
日月无私照。

《 出处 》

《礼记·孔子闲居》

《 注释 》

❶覆：覆盖。
❷载：承载。

《 译文 》

上天无私地覆盖着大地，大地无私地承载着万物，日月无私地照耀着大地。

解读　　　这句话源自《礼记·孔子闲居》，深刻描绘了一幅自然界公正无私、普遍恩泽的壮丽画卷，同时也蕴含着深远的哲学思想和崇高的道德准则。

第一，从字面意义上理解，"天无私覆"意味着苍天对世间万物一视同仁，给予同样的庇护。天空如同一位无私的守护者，将阳光、雨露无私地洒向大地，滋养万物。"地无私载"则表达了大地对万物的承载与滋养。大地如同一位慈爱的母亲，默默地承载着万物的生长。无论是巍峨的山川、广袤的平原，还是细微的尘埃、微小的草木，都能在大地上生存。这种无私与包容体现了大地的深厚与伟大。"日月无私照"则是指日月作为自然界的光源，不分昼夜、不论地域地无私照耀着大地。太阳在白天给予人们温暖和光明，月亮在夜晚给予人们宁静和指引。

第二，在哲学层面，这句话不仅揭示了自然界的公正与无私，更启示人们应胸怀宽广，对人和事持以公平之心。它倡导一种大公无私、普遍关怀的价值观，强调对万物一视同仁、平等对待的重要性。在儒家思想中，"无私"被视为一种高尚的道德品质，是君子应有的修为。儒家强调"仁爱"与"义"，认为人应该以仁爱之心对待他人，以正义之行处世。这种仁爱之心和正义之行，本质上就是无私的体现。在道家思想中，"无私"则更多地与"道"的概念相联系。道家认为，"道"是宇宙万物的本源和根本规律，无私无欲，无为而治。人们应该顺应"道"的规律，以无为的心态面对世事，达到与自然和谐共生的境界。

另外，这句话也为人类社会提供了重要的道德规范。人们应该学习自然界的无私精神，以公平、公正的态度对待他人和社会事务。这种无私精神不仅是个体道德修养的体现，也是构建和谐社会的重要基石。它要求人们在面对利益冲突时，能够超越个人私利，以公共利益为重；在面对社会不公时，能够勇于担当，积极维护社会正义。

拓展阅读

这句话不仅是对自然界景象的生动描绘，更是对人类社会应当遵循的道德准则与精神追求的高度概括。它倡导一种大公无私、普遍关怀的价值观，为现代社会的和谐与发展提供了重要的启示和指引。在现代社会，公益事业已经成为衡量一个国家和社会文明程度的重要标志之一。人们应该秉持无私的精神，积极参与各种公益活动，为社会的进步贡献自己的绵薄之力。此外，这句话还启示人们要尊重自然、保护环境。人们应该学习自然界的无私精神，以可持续的方式利用资源、保护环境，为子孙后代留下一个更加美好的家园。

万物并育❶而不相害，道并行而不相悖❷。

《 出处 》

《礼记·中庸》

《 注释 》

❶ 并育：共同生长。

❷ 相悖：相违背，相反。

《 译文 》

万物同时生长而互不妨害，各种规律同时运行而不相违背。

解读　　这句话出自《礼记·中庸》，是儒家思想中关于和谐共生、兼容并蓄的重要表述。这句话不仅体现了儒家对自然界与人类社会的深刻理解，也展现了其对多元共存、和谐发展的崇高追求。

第一，"万物并育而不相害"首先强调了自然界中万物的共生共荣。在儒家看来，天地万物皆有其存在的价值和意义。万物在生长、发育的过程中，虽然遵循着不同的规律和节奏，但却能够相互依存、相互促进，而不会相互伤害。这种观念体现了儒家对自然界的敬畏和尊重，也反映了其对生命价值的深刻认识。在儒家看来，每一个生命体都是宇宙间不可或缺的一部分，都承载着天地间的某种"道"或"理"。因此，人类应该尊重自然、顺应自然，与万物和谐共处，而不是去破坏或伤害它们。同时，"万物并育而不相害"也启示我们，不同文化、不同民族、不同信仰的人们也应该相互尊重、相互理解、相互包容，共同推动社会的进步和发展。只有这样，才能构建一个和谐、稳定、繁荣的社会。

第二，"道并行而不相悖"则进一步强调了不同的"道"或"理"之间的和谐共存。在儒家看来，世间存在着多种多样的"道"或"理"，它们各自代表着不同的价值观、道德观和世界观。然而，这些"道"或"理"并不是相互排斥、相互对立的，而是可以相互补充、相互融合的。在儒家看来，每一种文化、每一种信仰都有其独特的价值和意义，都蕴含着人类对生命、宇宙、社会的深刻思考和探索。因此，人类应该汲取不同文化、不同信仰中的智慧和精髓，以丰富自己的精神世界和人生体验。

"万物并育而不相害，道并行而不相悖"这一思想对后世产生了深远的影响，成为中华传统文化的重要组成部分。在现代社会，随着全球化的加速和多元文化的交融，这一思想具有更加重要的现实意义。它提醒我们，在面对不同文化、不同信仰、不同价值观的挑战时，应该保持开放的心态和包容的精神，尊重并接纳差异，寻求共识和合作。只有这样，才能构建一个更加和谐、稳定、繁荣的世界。

拓展阅读

《礼记》是"十三经"之一。"十三经"是南宋时期所形成的较为完善的儒家经典体系。除了《礼记》之外，还包括《周易》《尚书》《诗经》《周礼》《仪礼》《春秋左传》《春秋公羊传》《春秋榖梁传》《论语》《孝经》《孟子》《尔雅》。"十三经"是中国古代文化的瑰宝，在中国历史上具有举足轻重的地位和影响。通过对这些经典的学习和研究，我们可以更好地理解和传承中华传统文化，推动其在新时代的传承和发展。

心苟 ❶ 至公，人将大同。

《 出处 》

唐·姚崇《执秤诫》

《 注释 》

❶苟：如果。

《 译文 》

人心若公正无私，人们就会走向
大同社会。

◈ **解读** ◈ "心苟至公，人将大同"是唐代贤相姚崇在其短文《执秤诫》中提出的深刻政治理念。这句话不仅体现了姚崇对公正与和谐的追求，也深刻揭示了为政者应具备的道德品质与治理智慧。

首先，"心苟至公"意指为政者的内心必须极为公正。这里的"公"，不仅指公平、无私，更包含了对正义、道德的追求与实践。姚崇认为，为政者的公正之心是治理国家的基石，是确保社会和谐稳定的关键。姚崇强调，为政者必须做到无私无偏，对所有人和事都应一视同仁，不因个人喜好、亲疏关系而有所偏颇。这种无私无偏的态度，是确保政策公正执行、维护社会公平正义的前提。此外，正义是公正的重要组成部分。姚崇认为，为政者必须坚守正义，敢于揭露和惩治不公不义的行为，保护弱者的权益，维护社会的公平正义。姚崇还指出，为政者要以身作则，用自己的行为示范公正。只有为政者自身做到公正无私，才能赢得人民的信任和支持，进而推动社会风气的改善。

其次，"人将大同"是姚崇对实现社会和谐与"大同"的美好愿景。在姚崇看来，只有为政者真正做到"心苟至公"，才能引领社会走向"大同"之境。"大同"社会的核心在于和谐。姚崇认为，公正无私的政治环境是构建和谐社会的基础。只有每个人都能在公平的环境中生存和发展，社会才能呈现出和谐稳定的景象。"大同"社会的另一个重要标志是人民的幸福。姚崇强调，为政者的职责在于保障人民的福祉，通过公正的政策和有效的治理，提高人民的生活水平，让每个人都能享受到发展的成果。此外，在姚崇看来，"大同"社会还需要道德的支撑。公正无私的政治环境能够激发人们的道德自觉，促进社会的道德提升。

最后，这一理念不仅是对古代先贤智慧的传承与发扬，更是现代社会追求公平、正义与和谐的共同愿景。在未来的发展中，我们需要继续秉承这一理念，在加强道德教育、完善法律制度、推动社会创新、加强国际合作等方面继续努力，为实现更加公正、和谐的社会贡献自己的力量。

**拓展
阅读**

姚崇作为唐代杰出的政治家，以卓越的政绩和深邃的政治洞察力著称。在《执秤诫》中，他以执秤为喻，形象地阐述了执政者应如何秉持公正、公平的原则，以实现社会的和谐与"大同"。其中，"心苟至公，人将大同"便是对这一理念的集中概括。这一理念不仅是对古代政治家治国理念的深刻总结，也为当代社会提供了宝贵的启示。在新时代的征程上，我们应秉承这一理念，坚守公正无私的原则，加强制度建设与法治建设，推动社会进步，实现共同富裕，为实现中华民族伟大复兴的中国梦而努力奋斗。

民吾同胞，物吾与 ❶ 也。

北宋·张载《西铭》

《 注释 》

❶与：类。

《 译文 》

世人皆为我的同胞，万物俱是我
的同类。

❀ 解读 ❀　　这一深刻而富有哲理的表述，出自北宋著名思想家张载的《西铭》。这句话不仅体现了张载对人与万物关系的独特见解，也展现了其对仁爱精神的深刻诠释。第一，"民吾同胞"首先强调了人与人的亲密无间和血脉相连。在张载看来，人类社会中的每一个人都是天地的子孙，都是宇宙间不可或缺的一部分。因此，人与人之间应该像同胞兄弟一样，相互关爱，相互扶持，共同面对生活中的挑战和困难。这种同胞之情，不仅体现在血缘关系上，更体现为一种精神上的共鸣和相互理解。只有每一个人都能够将他人视为自己的同胞，才能够真正地做到相互包容、相互理解，从而构建一个和谐、稳定、繁荣的社会。同时，"民吾同胞"也启示我们，在面对社会矛盾和冲突时，应该以更加宽容和理解的态度去看待。只有真正地站在他人的角度去思考问题，才能够找到解决问题的最佳途径，实现社会的和谐与稳定。

　　第二，"物吾与也"则进一步强调了人与万物之间的和谐共生关系。在张载看来，万物都是宇宙间不可或缺的一部分，人类作为其中的一员，应该尊重并珍惜，与自然和谐共处。这种共生共荣的观念，体现了张载对自然界的敬畏和尊重。他认为，人类与自然之间存在着一种紧密的联系和相互依存的关系。只有真正地尊重并珍惜万物，才能够保持自然界的生态平衡和稳定，从而实现人与自然的和谐共生。

同时，"物吾与也"也启示我们，在面对环境问题时，应该以更加负责任的态度去对待，积极地采取行动去保护环境、节约资源，从而为子孙后代留下一个更加美好的家园。

在张载看来，仁爱不仅是一种对他人的关爱和尊重，更是一种对万物的敬畏和珍惜。这种仁爱精神，不仅体现在个人修养上，更体现在社会实践中。张载认为，每一个人都应该以仁爱之心去对待他人，积极地参与社会实践和公益事业，为社会的和谐稳定和人类的可持续发展贡献自己的力量。

在当今社会，我们更应该以这一思想为指引，积极践行仁爱精神，尊重并珍惜万物，为实现人与自然的和谐共生和社会的和谐稳定贡献自己的力量。

**拓展
阅读**

张载的思想体系涵盖了哲学、政治、理欲观以及教育与学术等多个方面。他的思想具有改革时弊的倾向，旨在为社会提供一套完整的治理方案。同时，他的学术成果也为后世儒家学者提供了重要的思想资源。后世学者对张载的评价普遍较高，认为他是中国古代朴素唯物主义哲学思想史上最杰出的代表之一。他的著作一直被明清两朝视为哲学著作的代表之一，是科举考试的必读之书。

同心而共济①，始终如一，此君子之朋也。

《 出处 》

北宋·欧阳修《朋党论》

《 注释 》

① 济：对处在困境中的人加以帮助。

《 译文 》

同心同德，共渡难关，且始终团结一致，这才是君子之朋啊。

解读 　　这是欧阳修在其名篇《朋党论》中对君子之朋的核心特征的精准概括。这一表述不仅深刻揭示了君子之交的本质，也为我们理解古代政治生态、人际关系以及个人品德修养提供了重要启示。

　　在《朋党论》中，欧阳修首先指出，朋党之说自古有之，但关键在于人君能否辨识君子、小人。他进而阐述，君子与君子因同道而为朋，而小人与小人则以同利为朋。这一区分，是理解君子之朋与小人之朋的根本。君子之朋"同心而共济，始终如一"。这里的"同心"，指的是君子们坚守共同的道义、信仰和理想，他们的心志是统一的、目标是一致的。这种"同心"，不是基于暂时的利益或个人的私欲，而是源于对真理、正义和道义的追求。因此，他们能够相互支持，共同前进，在困难面前不退缩，在挑战面前不畏惧。"共济"则强调了君子们在实现共同目标过程中的团结协作。他们不仅有着共同的理念，更有着共同的行动。在面对国家大事、社会变革时，他们能够携手并进，共同应对，为国家的繁荣稳定贡献自己的力量。"始终如一"则是对君子之朋的持久性和稳定性的高度概括。无论时局如何变迁，无论个人境遇如何变化，君子们都能坚守自己的信仰和理想，不改初心，不变本色。他们的友谊与合作关系，是建立在对共同目标的坚定追求和对彼此品德的高度认同之上的，因此能够经受住时间的考验。

这一观念为我们提供了现代启示。在当今社会，虽然政治生态和人际关系已经发生了巨大变化，但欧阳修关于君子之朋的论述仍然具有深远的现实意义。它告诉我们，在人际交往中，应该注重志同道合、情趣相投的原则，选择那些有着共同信仰、理想和价值观的人作为朋友和合作伙伴。同时，在面对困难和挑战时，我们应该勇于担当、敢于作为，为实现共同目标贡献自己的力量。只有这样，我们才能建立起真正稳固的友谊和合作关系，共同创造更加美好的未来。

拓展阅读　　《朋党论》是北宋欧阳修于庆历四年（1044）向宋仁宗呈递的一篇奏章。当时，欧阳修担任谏官，为了驳斥保守派的攻击，他撰写了此文来辨明朋党之诬。文章开篇即提出主旨：朋党之说自古有之，但关键在于人君能否辨别君子之朋与小人之朋。欧阳修认为，君子之朋以道义为纽带，有利于国家；而小人之朋则以利益为勾结，有害于国家。因此，人君应当排除小人之伪朋，任用君子之真朋，以实现国家的长治久安。《朋党论》不仅是一篇具有深刻政治见解的文章，也是欧阳修文学才华的体现。它对后世理解朋党问题、辨别君子小人，以及人君的治国之道都具有重要的启示意义。同时，该文也展现了欧阳修作为北宋"诗文革新运动"的领袖和古文大家的卓越才华和文学造诣。

人人相亲，人人平等，
天下为公，是谓大同。

出处

清·康有为《大同书》

译文

人与人之间相亲相爱，人与人之间互相平等，天下为人们所共有，这就是大同。

◆ 解读 ◇　　第一，"人人相亲"是大同社会的基本情感纽带。在康有为的构想中，大同社会是一个没有阶级、没有压迫、人人平等的社会。在这样的社会中，人与人之间的关系不再基于地位、财富或权力，而是建立在相互尊重、相互理解的基础上。人们彼此关爱，互相帮助，共同创造一个和谐、温馨的社会环境。这种相亲相爱的氛围，不仅有助于增进人与人之间的信任与友谊，还能为社会的稳定与进步提供坚实的情感基础。

　　第二，"人人平等"是大同社会的核心政治原则。康有为认为，在大同社会，每个人都应该享有平等的权利和机会，不受任何歧视或压迫。这一原则不仅适用于个体之间的平等，也适用于不同民族、不同性别、不同阶层之间的平等。为了实现这一目标，康有为提出了一系列改革措施，如废除私有制、实行公有制、建立民主政府等。这些措施旨在消除社会不平等，确保每个人都能在社会中获得应有的地位和尊严。

　　第三，"天下为公"是大同社会的经济理念。在康有为的构想中，大同社会是一个财产公有、资源共享的社会。土地、工厂、矿山等生产资料都为公有，由全体社会成员共同管理和使用。这种公有制经济模式不仅有助于消除贫富差距，还能实现资源的优化配置和高效利用。同时，康有为还提出了一系列社会保障措施，如建设养老院、医院、学校等公共设施，以确保每个人都能享受到基本的生活保障和教育机会。

第四，"是谓大同"是对上述三个理念的综合概括，也是康有为所追求的大同社会的最终理想。在康有为看来，大同社会是一个充满爱、平等、公正和共同富裕的社会。在这个社会中，人们不再为生计而奔波劳碌，能够自由地追求自己的兴趣和理想。同时，社会制度也趋于完善，各种矛盾和问题都能得到妥善解决。

《大同书》不仅是一部具有深刻思想内涵的著作，也是一部对中国近代社会产生深远影响的作品。它提出了一个全新的社会理想，为当时的中国社会提供了一种新的发展方向和奋斗目标。同时，《大同书》也反映了近代中国知识分子在西方思想的影响下，对传统社会制度的深刻反思与改造。从现实角度看，《大同书》中的思想仍然具有重要的启示意义。它提醒我们，要关注社会公平与正义，推动社会的和谐与进步。同时，也应该积极探索符合时代要求的社会制度和发展模式，以实现社会的可持续发展和人民的共同富裕。

拓展阅读

康有为创作《大同书》时，正值中国近代史的重要时期。他深受"西学东渐"的影响，重新思考文明秩序，并借助今文经学资源，创立自己的思想体系。他依据公羊家的"三世说",结合《礼运》篇的"小康大同"说,以及欧洲空想社会主义学说等,构想出以"三世说"为基础的"社会进化学说"。这一学说大全式地囊括了从个体、家庭、社会到国家、天下的进化轨迹,作为未来变革的指引,最终的理想社会便是大同世界。

后记

　　"中华传统美德格言集萃丛书"的编纂出版，得到了山东省委宣传部的大力支持。山东省委常委、宣传部部长白玉刚对本丛书高度重视，提出明确要求；省委宣传部副部长张同海统筹指导丛书编写工作，省委宣传部文化传承发展处进行具体指导并审改了书稿。

　　曲阜师范大学党委书记邢光，党委常委、副校长李兆祥，党委常委、纪委书记陈丙波进行了具体统筹协调，调配了马克思主义学院、历史文化学院、孔子文化研究院、美术与书法学院等校内各单位的力量，充实到写作团队中。孔子文化研究院王钧林教授和颜炳罡教授、历史文化学院姜开勇书记、马克思主义学院孙迪亮院长和陈庆国书记对丛书编写都给予了有力指导。

　　丛书编纂团队共八名成员，成积春教授、宋立林教授担任主审，任松峰编著《崇德之道》，王汉苗编著《做事之道》，王德成编著《做人之道》和《待人之道》，蒋开天编著《持家之道》，齐高龙、任松峰编著《爱国之道》，徐佰义编著《和合之道》。编写过程中，团队成员密切配合，通力协作，高质高效完成工作任务，本书得以顺利出版。同时，本书的编写出版还得到了济宁市委宣传部、济宁医学院、有关专家学者、山东文艺出版社董国艳编辑团队的鼎力支持，在此，一并表示感谢。

丛书参阅的中华典籍种类多、范围广，尽管做了充分收集与查阅，但鉴于编者学识能力所限，难免有不足或失当之处。加之中华传统美德博大精深、深邃厚重，编者辑选的格言仅仅是其中很小的一部分，是否精当也尚待检验。敬请批评指正。

编　者

2025 年 3 月